モテツボ

真面目系男子の恋愛解体新書

キマイラ 著

セルバ出版

まえがき

日々の仕事やプライベートの人間関係の中で「なんかうまくいかないな」と思ったことはありませんでしょうか。

たとえば「なぜ私はあの人みたいにちゃんとできないのだろう」と悩んだり、「自分の意見がなかなか伝わらないのはなぜだろう」と疑問に思ったり、「どうして周囲の人々は私を理解してくれないのだろう」と落ち込んだりといったことです。

私たちにも同じような経験があります。でも、これらの出来事は、私たちが何か劣っているから起きるのではなく、実は、例外なく誰もが経験していることなのです。

この「なんかうまくいかないとき特有のモヤっとした感覚」は「自分の中で何かが滞っている証拠」です。その原因は人それぞれですが、この状態を解消して、物事をスムーズに進めるためのアプローチは共通しています。それを本書「モテツボ」でご紹介します。

たとえば「ツボにハマる」という言葉のように、自分の得意なフィールドがわかっていると、ゾーンに入った状態になります。そうなるとゲームのキャラクターが無敵状態になったように物事の細部まで手に取るようにわかります。一度ツボにハマれば、物事は驚くほどスムーズに進むものです。

一方で「ツボがわかってない」というのは、なかなか厄介な状態です。物事の勘所や機微がわかっていないので、些細なことでつまずくばかりでなく、何がまずかったのかもわからないまま、同じ失敗を繰り返します。終始このようなことが続くので、生きづらいと感じることも多いはずです。

本書の主人公「斉藤ツヨシ」は、私たちの中にある「うまくいかないときの姿」の象徴です。ツヨシが直面する課題を乗り越える姿の中に、現状を打破するヒントが必ずあります。

私たちは本書を「モテツボ」というタイトルにしました。この「モテたい」という気持ちは、誰の内にも存在しますが、おおっぴらに口に出す人はいません。

その理由は「モテたい」という気持ちは、過去の体験や劣等感の裏返しだからです。でも、だからこそ、潜在意識に隠された生きづらさの原因に向き合う鍵となります。私たちは本書が「なんとなく感じていた生きづらさの正体」に気づくキッカケとなることを願っています。

それでは、「どんなツボを押さえれば、物事がスムーズに進み、モテるようになるのか」という本書のテーマを順に解き明かしていくことにしましょう。モテの先には愛の探究が待っています。

まずは、その一歩を踏み出しましょう。

キマイラ

2024年4月

モテツボ～真面目系男子の恋愛解体新書　目次

プロローグ　直感を信じて一歩を踏み出せ

斉藤ツヨシ

俺は斉藤ツヨシ。年齢は38歳、職業はＷｅｂエンジニア。社内ではベテランとして大きなプロジェクトも任されるようになった。新人から女子社員、役員まで、わからないことがあると何でも相談が来る。中には「師匠！」と呼んでくれるヤツもいるくらいだ。

仕事は平日午前9時から午後5時、土日祝日休み。完全週休2日制の一般的なサラリーマンだ。残業や飲み会もあるけど、自分の時間も取れていて、今の生活には満足している。

俺の長所といえば、真面目さしかウリがないが、約束は絶対に守ることを心がけている。自分にとっては当たり前でも「義理堅い」「頼もしい」と言われることも多い。特技は学生時代から続けている卓球だ。仲間と一緒に汗を流すのは最高だし、実力を試すために地域の大会にも参加している。接戦を制したときの快感は仕事では味わえない醍醐味だ。

仕事終わりに駅の近くに新しくできたスポーツジムに週3のペースで通いはじめた。最新の体組成計は、自分の身体の状態をかなり細かくチェックできる。トレーニングの成果が数値にあらわれてくるのを見るのが密かな楽しみだ。

さらに、スポーツジムに併設しているサウナ（サ活）にもハマってしまった。ととのうってやつは話に聞いていたが、体験してみるとなんとも言えない爽快感がすごい。定期的なデトックスが必要だと言われるのもわかる気がする。

最近、前ほど「若いですね」と言われなくなった。自分でも白髪が気になってきたので、健康に気をつかって身体によいといわれるものを食べるようにしている。以前はラーメン、カレー、カツ丼を無限ループしていたが、野菜が摂れる定食を意識して選ぶようになった。

同僚からは「独身貴族」なんてからかわれるが、正直なところ、そんな実感はない。若いころは、彼女でもつくって、結婚して、子どもがいる「幸せな家庭」を思い描いていた。ただ、家庭を持つ上司がこぼす愚痴を聞くかぎり、1人の気楽さのほうがよっぽど得難い幸せのようだ。

……と思っていたんだ。あの出来事が起きるまでは。

俺は20代の頃「成長」や「成功」といった言葉の虜《とりこ》だった。人間的に成長することが充実した人生を送るために必要だと信じていたし、成功者たちも繰り返し語っていた。若いうちにどれだけ自分に投資できるかで人生の成功が決まることも学んだ。

暇さえあれば本屋に足を運び、最新の情報を漁っていた。本は先人の知恵の集大成だし、何よりもコスパがよい。成功の秘訣で本に書かれていないものはないと言われるほどだ。自己啓発のコーナーで「成長」や「成功」の本を探すのは宝探しのような楽しみがあった。

不思議なことに、ガツガツした気持ちで本屋に出かけていっても、インクの匂いと情報の大海原に包まれているうちに、いつも心がすーっと落ち着くのを感じていた。それはまるで深い瞑想で体験するような心地よい癒しだった。

今は、同僚との付き合いや卓球の練習、スポーツジム、サウナなど、自分の中で優先する活動が増え、本屋に行く機会は減ってしまっている。とはいえ、基本的には読書派だ。日々の情報は動画サイトやニュースサイトでチェックするが、気になる情報や話題があれば、書店が運営する本の通販サイト「ええ本.net」で専門家の最新の知見を探すようにしている。

最近、パソコンの前で座りっぱなしだからか、肩のコリを感じるようになった。スポーツジムで運動した夜はぐっすり眠れるが、やはり夕方になると首筋が張ってくる。

昔は肩こりなんて気にならなかったのにな……

〝肩こり〟〝マッサージ〟〝やり方〟で検索すると、予想以上に沢山の本がヒットした。

購入者の評価を参考にしながらスクロールしていくと、異質なタイトルの本が目に飛び込んできた。

運命の出会い

モテツボ！？……

なんだこれ、めちゃくちゃ胡散臭い。ツボってあの押すと気持ちいいツボのことか……

それにしても「モテツボ」というタイトルが意味不明だし、何より表紙も怪しさ抜群だ。〝モテ〟は異性にモテるとかの〝モテ〟なんだろうが、どうやったら〝ツボ〟と結びつくのかが想像できない。エッチな催眠術みたいな内容なんだろうか……。

レビューも０件だ。表紙の絵は、妖怪？！　でも、どこかで見たことがあるな……。

あっ！　「アマビエ」だ！

コロナ禍が収束したんで、最近あまり見なくなっていたけれど、渋谷駅北口の新たな待ち合わせスポットとして「アマビエ像」ができて人気上昇中ってワイドショーで見たっけ。渋谷といえばハチ公前だけど、宮下公園の中に「アマビエ像」がパンデミック阻止の象徴として設置されたってことらしい。

いくらなんでもやりすぎ感はあるけど、日本全国のあちこちで「アマビエ像」が建っているっていうんだから一種の験担ぎみたいなもんなんだろう。新しくなった宮下公園は観光客で賑わっているらしく、特に外国人に人気で「アマビエ像」の魅力的な？！　姿をカメラにおさめる瞬間が数多く映し出されていたのを思い出した。

ハチ公前だと「デート」って雰囲気だし、オシャレな女の子たちや、イカついお兄さんがたむろしているから、苦手だったんだよな。でも「アマビエ像」だったらネタにもなるし、誰かと待ち合わせするのに気楽に提案できるのかもしれないな。

メジャー感のある場所や人気のスポットに行くと落ち着かないのは、昔から変わらない。アイドルも人前ではセンター推しって言っても、本当は少し影のある個性的なポジションの女の子がツボだったりする。自分でもその理由はよくわからないが、もしかすると、何かしら捻《ひね》くれた部分があるってことなのかもしれないな……。

！？

そんなことを考えていると、画面の中のアマビエがこっちを見てウインクをした……気がした。慌てて戻るボタンを押そうとマウスに手を伸ばした瞬間、ＰＣデスクの横に置いていた財布に肘がぶつかり、床に落ちてしまった。

その拍子に、以前もらった「疫病退散」と書かれたアマビエのカードが飛び出していた。

小さなシンクロを信じて

〝小さなシンクロに気づいて喜べる体質になると成功する〟

何かの本で読んだフレーズが突然閃いた。

たとえその出来事に意味や価値を見出すことができないとしても、後々になって振り返ってみると、実は人生のターニングポイントになっていることが多いと本には書いてあったっけ。

これまでの人生をいくら振り返ってみても、ターニングポイントらしきものすら思い当たるフシがないけど、意外な縁が本当に成功に繋がることもあるかもしれないな。

いや、でもさすがにコレはないでしょ、コイツが画面から出てきたりしたらホラー映画だぞ。

ただ、今までにないくらい偶然や錯覚だとも思えない自分がいるのも確かだった。

財布から怪しいカードが１枚だけ飛び出すし、パソコンの画面ではカードと同じキャラクターが、ずっとこちらを見ているような気がして仕方がない。

まあ、値段も2000円チョットだし、ひょっとすると何かが起きるかもしれないと開き直り「モテツボ」をカートに入れてしまった。「クソみたいな内容だったら、飲み会のネタくらいにはなるだろう」正直そんな軽い気持ちだった。

アマビエって新型コロナ退散の願いとともにSNSでバズったんだよな。それだったら、それなりにパワーもありそうだ。ハチ公には及ばないが、渋谷のアマビエ像も一気に有名になって、国内外を問わず観光名所として人気を博しているようだし。

ハチ公ってほどじゃなくていいから、アマビエ像くらいモテないかな。今までこれだけ誠実に生きてきたし、仕事だってそれなりに評価されているんだから、少しくらい周りに認められたり、チヤホヤされたりしても良いでしょ。

ほんと、頼むよ……、一度くらいマジでモテモテになってみたい！

口では1人の気楽さが幸せで、ずっとこのままでいいといいながら「モテたい」と思っていることが自分でも意外だった。もしかすると独りは嫌だという気持ちがどこかにあったのかもしれない。

よし、こうなったらやけくそだ、神様でもアマビエ様でもなんでも頼んでやるよ。

アマビエ様、お願いします！

俺、めちゃくちゃモテたいんです。

と、勢いよく購入ボタンを押した。その瞬間、画面の中のアマビエが今度はニヤっと笑って目が合った……気がした。

第1章　水の流れに身を委ねよ

ラブストーリーは突然に

ツヨシは、先月の出来事が頭から離れず、気になっていた。

「モテたい」という欲求に気づいた俺は、その勢いのままマッチングアプリ「アベック」に登録した。見た目が好みの女性に片っ端からメッセージを送ると、さっそくマッチングしたリエさんと新宿でランチの約束をとりつけた。

出会えるとは聞いていたけど、本当に簡単にマッチングするんだな。

その日は見事な五月晴《さつきばれ》で、清々しい風と街の喧騒が新しい恋の予感を告げていた。

リエさんは趣味としてバトミントンを続けているらしい。お互い身体を動かすことに興味があるということで、会話は序盤から盛り上がった。終始お互い笑顔だったし、第一印象はバッチリだったはずだ。

仕事で悩みがあるって言うから、俺は親身になって聞いてあげた。「人はそんなに他人に興味がないんだから、気にし過ぎだよ」となだめ、「悩むのは時間の無駄だから、一緒に楽しいことを考えよう！」と励ました。それでも、まだ悩みが尽きないようなので、俺が人生最大のピンチを乗り越えた時のエピソードをまじえて、解決策をバッチリ示してあげた。

そしたら、ようやくリエさんも笑顔になり「わかりました！　ありがとうございます！」と湿っぽい雰囲気が一気に変わったのがハッキリわかった。「今晩は他の予定があるからまた今度ね！」って可愛く言われてその日はバイバイしたんだ。

次のデートは、サプライズでプレゼントを用意してあげるのもいいな。

久しぶりの充実感に包まれながら、次のデートに思いをめぐらせていると、なんともいえないフワフワした気持ちになるのが心地よかった。

二度目のデート

おかしいぞ、待ち合わせ時間はとっくに過ぎているのに、なんで一向に返事がないんだ？

毎日ＬＩＮＥで「おはよう」「おやすみ」のスタンプも送っているし、「今度の日曜日、午前11時に渋谷駅のアマビエ像で待ち合わせ！」って次のデートの約束も送ったのに。

結局、待てど暮らせどリエさんは現れず……。

ＬＩＮＥしてみても一向に既読にならず……。

午後１時を過ぎてしまい、仕方がないので、一旦家に帰ることにした。

リエさんはきっと急に具合が悪くなって、来られなくなってしまったのかもしれない。

大丈夫かな？　心配だな……。

次の日も、その次の日もＬＩＮＥを送ってみたが既読にならない。ＬＩＮＥもできないくらい、具合悪いんだな。もしかして、入院している？　なんて考えもよぎりはじめた。

交通事故とかだったらどうしよう、せっかくこれからお互いのことを知っていこうとした矢先だったのに……。

恋はジェットコースター

そんなこんなで悶々としながら、一週間の仕事が始まった。

うちの会社では、月曜日は会議から始まる。ふと周囲に目をやると、アカネさんが新規プロジェクトの会議に参加するため、自分の席を離れようとしていた。

アカネさんはＷｅｂマーケティングを担当する仲間であり、彼女の陽気な性格は顧客からも評判がよい。専門は違うけど、彼女から仕事のことで相談されることも多い。

実は、ちょっと気になっている。仕事上の悩みがあると感じると、即座にそれを察知し、解決策を提供してあげている。最近は部署の成績も好調のようで、もしかすると、俺のアドバイスのおかげかも？　なーんて思っているが、見当違いではないかもしれない。

なぜか彼女が職場のどこにいるか瞬時に感知することができる。他の女性社員に対しては、まったく勘が働かない。もしかすると、これって運命?!　ソウル・メイトってやつか！

会議では、プロジェクトの進捗《しんちょく》を報告したり、ミスの多い後輩を叱責したりした。でも、それはもっと成長して会社の戦力になって欲しいからで、あえて厳しい言い方をしている。誰かが嫌われるような役割をしないと成功しないからだ。

小一時間の会議が終わって席に戻る途中、アカネさんの姿が目に入った。同じ部署の女性社員たちとおしゃべりをしながら給湯室に入っていく。

女子社員連中は本当に給湯室が好きだな。

と軽く鼻で笑いながらも、アカネさんの声が恋しくて、つい給湯室に足が向いてしまう。盗み聞きするつもりはなかったのに、女子社員たちの話に聞き耳をたてようとしている自分の行動が全く理解できない。

これが恋に落ちるってことか……。

フォーリンラブ……。

恋はするものではなく、落ちるもの……。

給湯室SHOCK！

俺の耳は、なぜかアカネさんの声だけはよく聞こえる。

「私、斉藤さん、ちょっと苦手なんだよね。何考えているかわからなくて怖いし、無理」

「あ、デザイナー部の彼でしょ？　アカネの案件の担当だよね」

「聞いてもいないのに唐突に無表情でアドバイスしてくるから怖くて愛想笑いしちゃうし、無意識にご機嫌を取っちゃうのよ。今度からミナが行ってくれない？　斉藤さんに仕事持っていくとなんかどっと疲れちゃうんだよね」

「絶対嫌だ！　無理！　思わずキモっ！　て声に出ちゃいそう！」

「それはさすがにヤバいからダメだよ！　モラハラだって怒りだすって。あははは」

……その後のことはよく覚えていない。

自分のデスクに戻って仕事をしたんだろうけど、記憶が曖昧で、気がついたら家だった。

その日はとにかく飲みまくった。近所のコンビニで缶のハイボールを買い込み、ひたすらがぶ飲みした。「飲まないとやっていられない気持ち」っていうのがはじめてわかった。

途中からわけもわからず、涙があふれてきた。ティッシュを何枚も何枚も取り出して涙を拭った。

気がつくとティッシュも空になっていたが、それでも、とめどなく涙が溢れてきた。

告白せずに終わる恋

何がいけないんだ？　それなりの大学だって出ている。仕事だってできる。身なりも結構気をつけている。上司からの評判も悪くないし、後輩にも慕われている自覚はある。たしかに厳しく接することも多いけど、それも会社のためを思ってのことなのに……。

なのに、なのに、なのに……。

一体俺が何したっていうんだよ、コノヤロウ！！！

悔しさのあまり、激しい怒りが突如として噴き出した。ただ、あまりにも酒を飲みすぎたからなのか、気分がどんどん悪くなってきた。

以前、薬マニアの上司にもらった胃薬を財布にしまっておいたことを思い出し、財布をひっくり返してみるも、そこに胃薬の姿はなく、代わりにアマビエのカードが出てきた。なぜか再び怒りに火がつき、財布を壁に投げつけ、そのまま床に倒れ込んでしまった。

目を覚ますと、痛みが全身を襲った。アイタタタ……。どうも、変な姿勢のまま床で寝てしまったらしい。そして、次の瞬間、部屋が妙に明るいのに気がついた。時計を見ると深夜の2時。当然、外はまだ闇に包まれているはずだ。窓からは雨が降りしきり、ガラスには雨粒が滴っている。

でも、驚きはこれからだった。何故なら、部屋の隅でまばゆい光が急速に広がっていっているのだ。

そして、その光の中から、何か奇妙なものの姿が次第に浮かび上がってきた。

アマビエ登場！

「アンタ、自分を守ってくれているアマビエ様を投げつけるって、どうゆうことなの！！」

「え……？」

目の前に派手な髪色をした女性（いや、髪の長いおっさん?!）が立っていた。

「だらしないわねまったく！　アタシがなんとかしてあげるわ！」

「あなた、誰、で・す・か？」

「ハイ、どーも。こんにちは！　アマビエよ！」

アマビエ？

忽然《こつぜん》とあらわれたアマビエは、上半身は人間のようで下半身は魚のような姿をしていた。派手な髪色《かみいろ》のロングヘアーで、なぜか少し濡れている。三本の脚で立ち、パステルカラーのワンピースドレスを着ている。目は大きく、キラキラとした輝きを放っている。全身に貝殻のような模様や飾りが施されていて、無駄に神秘的な雰囲気を醸《かも》し出している。

ツヨシは驚きのあまり口をぽかんと開けたまま、目が釘付けになっていた。

リエさんと待ち合わせした場所、渋谷駅北口の新しい待ち合わせスポット、アマビエ像。そのアマビエが目の前で喋っている……。

「アタシ、喋る精霊なのよ。エモいでしょ？」

「いや、そうじゃなくて。どうして俺の家に？」

「そら、アンタがアタシを呼んだからでしょ！」

「呼んでないよ！　人の家なんだから、出てってよ。警察呼ぶよ？」

「自分が呼んどいて何言ってんのよ？　ええ本.net でポチッてたでしょうが！」

「もしかして、あの本……『モテツボ』の？」

「こう見えてもモテるのよ～アタシ。コロナ禍で一気にアイドルに担ぎ上げられちゃって、今では渋谷に像が設置されてワールドワイドにモテモテなの♡でも、まだまだ新参者だからハチ公さんやモヤイ様に比べたら暇だけどね」

勝手に洗面台からドライヤーを持ってきて、髪を乾かし始めた。

「アタシ、水の精霊だから、水がないと出て来られないのよ。それにしても、このナノケアのドライヤー、めっちゃいいじゃない！　潤いモイスチャーの髪になるわね！　それにしても、モテない彼女なしの家になんでこんなドライヤーがあるのよ？　究極の無駄使いじゃない」

ナニ言ってんだこいつは。しかもちょっとおネエ口調だし……うわっ！　頭、痛っ！　完全に二日酔いだ。明らかに飲みすぎた……。なんで、酒弱いのに、ハイボール飲んだんだっけ？

あっ！

独りよがりはデートと呼ばない

「そういえば、アンタがご執心のリエちゃんだけど、日曜日はアプリでマッチしたイケメンとデートしていたわよ！　スクランブルスクエアのスペイン料理のお店でさ、オシャレな料理に目を輝かせて盛り上がって！　お酒もすすんでいたわね！　あの子を追いかけるより他をあたったほうがアンタのためよ」

髪をブラシでとかしながら、アマビエが口を開いた。

「えっ？　日曜日は俺と待ち合わせ……」

「来なかったでしょ？」

……それは事実だが、ちゃんと理由はあるんだ。

「リエさんはその日、具合が悪くて、来られなくて……」

「キモっ！　アンタの勝手な思い込みもいいとこじゃない？　ＬＩＮＥの返事来たの？」

慌ててＬＩＮＥをチェックしたが、未だ既読になっていない。

「あと、ついでに言っておくと、アンタ、会社の後輩たちから慕われているって思っているかもしれないけど、実際は裏でバカにされているのよ！　マジでウザいキモい上司って言われているんだから。知らないのは、アンタだけよ！　もっと、シャンとしなさいな」

そんなわけない！　仕事上のミスを叱責して、成長するよう導くのだって上司の仕事のうちだ。成功するためには、必要なことなんだよ。後輩だって自分が悪いのがわかっているから申し訳なさそうに説教を聞いてくれているし、そうやって取り組んできたからこそ実績だって俺の方が上なんだ。なんだよ、このクソ妖怪め！　わかったようなこと言いやがって。

「その証拠にアンタ、ほら、アカネちゃんの本心聞いて凹んでいたじゃない！　お酒弱いのに、無理にあおって、飲まれた挙句に崇高なるアマビエ様の入った財布を壁に投げつけて……」

いい加減しつこいぞ……、何様のつもりか知らないけど、得体の知れない妖怪に付き合っている暇はないんだよ。そーだよ、思い出したよ。お前の言う通り気持ちがズタズタなんだ、これ以上ないくらい最悪の気分だし……、わかっているなら、ちょっとそっとしておいてくれないもんかな。今は妖怪にかまっている心の余裕はないんだ。

「いっつもそうやって、都合悪い状況になったら、自分の殻に逃げ込んで閉じこもるのね。だいたいアンタ、悪いのは、すべて周りだと決めつけるでしょ」

なんだよ説教かよ。当たり前だろ、ミスをする奴、嘘をつく奴、群れて陰口をたたく奴、人をバカにする奴が悪いに決まっているじゃないか。こっちはみんなの「成長」と「成功」を真剣に考えて真面目にやっているんだよ。それに、なんでお前に説教されなきゃならないんだ。アマビエとか言ったな。俺はもういい大人で、説教される歳じゃないんだわ。

俺はカタい？

「自分、カタいんよ！」

「は？」

アマビエの発した一言に、なぜかバクンと胸が高く波打った。

「『は？』じゃないわよ！」

妖怪にいきなりカタいって言われても、さっぱり意味がわからないぞ……。これはきっと夢だ。いや、夢に違いない！　むしろ悪夢だ！

「ま〜た、逃げるの！？」

突然強い口調でアマビエが言ったので、ビクッとした。

「いいかげん、自分の人生、生きたらどうなのよ……」

いきなり出てきたお前に何がわかるんだ。自分のことは自分が一番良くわかっているんだ！

「アンタねえ、そんなんだから、彼女のひとつもできないのよ」

そんなわけない！　これまでも、今だって、自分を高めるために努力を積み重ねているんだ。つくろうと思えばすぐにできる。スポーツジムで筋トレして、身だしなみも小綺麗にしている。髪の毛だっていつもセットしているし、歯間ブラシまで使って、口臭さえも色々気を使っている。イケメンではないが、見た目も悪くないはずだ。

それに、稼ぎだって年齢の割に多いほうだ。いい出会いがないだけで、出会いがあれば彼女くらいすぐにできる。彼女ができないのではなく、こっちだって真剣に吟味しているんだ！

でも、もう38歳か……、リエさん……、アカネさん……。

「うんうん、わかるわよ！　無駄に年だけ重ねてきちゃったもんね」

げっ！　いきなりなんだ？　こいつ人の心が読めるのか？

しかも口が悪いな、この妖怪。

「口悪いのは、アンタでしょ！　なんでアタシにタメ口なのよ？　アタシ、アマビエ様よ！　由緒ある精霊なのよ！」

「は？」

「は？　じゃないでしょうが！　初めて会った人には、敬語を使うのが日本の文化、社会の基本的なルールでしょ！　気をつけなさい！」

この妖怪、よくよく見れば、年齢（？）の重みを感じさせる存在感がある。だけど、その言動から察するに、男性更年期のような感情の波に飲み込まれているのか、自己制御が効いていないように感じる。こんな場合は一旦言うことを聞いておいて、こっちが感情のサンドバッグにならないよう、自分を守る選択をした方が賢明だな。

「ごめんなさい。以後、気をつけます」

突如として、ツヨシが素直に謝ってきたので、アマビエはリズムを崩され、戸惑いながらも話を続けた。

「まっ、いいわよ！　アタシも自分のこと、アマビエ様って『様』をつけて言ってしまったからね。自分に『様』とか『先生』を付けちゃう人はヤバい奴だから、気をつけるわ」

やっぱり、信用ならないな、この妖怪め……。

願うだけでは叶わない

「未来は自分で切り拓くものよ。ロジックを使ってね。その前提に立たないと、人生哲学も、成功法則もぜーんぶ、意味がなくなってしまうわ。わかるかしら？　このロジック」

「願いを叶えてくれる都合のいい神様みたいなもんに頼ったらダメっていうことですか？」

素直になったからか、話の要点を理解したツヨシのコメントに嬉しくなるアマビエ。

「そうね！　宇宙こそ法則で成り立ってるからね。クッソ暑いから、涼しくならないかしら！　っていくら願ってみても、想いだけではそうはならないでしょ。むしろそうなったらダメなわけ、宇宙の法則が崩れちゃうからね」

たしかに話の筋は通っている。改めて言われてみると、願いを叶えるとかなんとかいう存在ってめちゃくちゃ意味不明だし、疑わしい。もう少し、アマビエの話を聞いてみるか。

願いが叶うロジック

「願いを叶えるロジックっていうのは、地に足の付いた論理的、科学的に努力するってのが大前提なの。そこにプラスして、スピリチュアルなこととか、ご祈祷をするから願いが叶うのよ。人事を尽くして天命を待つっていうじゃない」

下半身が三本足の魚の妖怪に「地に足をつけろ」と言われてもなあ……。

アマビエはツヨシのほうに向き直って、深いため息をついた。

「それに比べて、アンタときたら……物事を自分勝手に解釈して、悟ったフリしちゃって、深く考えようともせず、知ろうともせず、流されているだけじゃない。だいたい目標設定から曖昧なのよ。人間っていうものは、生身の五感で感じて、行動して、経験してナンボなのよ」

アマビエがヒートアップしてパワハラ全開でまくし立てはじめた。

「たいして長くも生きてもないくせに、もう歳だ、もう若くないなんて言っちゃって！　この間、引き寄せの法則、読んでいたんじゃないの！　先が思いやられるわ」

引き寄せの法則

いい加減、聞き捨てならないセリフを吐いてきたので、話を遮ることにした。

「たしかに引き寄せの法則の本は読みましたが、それが何か？」

ちょうど先週、もっとよい現実を引き寄せるために「引き寄せの法則」という本を読んだばかりだった。実際は、もっとチヤホヤされたいし、華やかな世界を見たいと思っている。本音を言えば、お金持ちにもなりたいし、有名になりたい。素敵な彼女だって……。

「引き寄せの法則はメンタルの栄養ドリンクじゃないのよ！　読んだ瞬間だけ盛り上がって、すぐに日常に戻ったら、三日坊主じゃない！」

「お言葉ですが、毎回本を読んだら、学んだことを実行しているんですよ。ちょっとずつは自分も変わっていっていると思いますが！」

ちょっとムカついたから、感情に任せて言い返してしまった。

「全く理解してないわ！　今の自分が不幸だって感じていたら、不幸しか引き寄せられないのよ！

それが引き寄せの法則！　マイナスの感情からスタートしたら、どんなに他から助けが入ろうとも、プラスにはならないわ！　感情がマイナスならマイナスがドンドン引き寄せられてくるだけだからね」

じゃあ、いったいどうすればいいんですか！！！

……思わず叫ばずにはいられなかった。

返事が来た!?

「ちょっとスマホ、貸してみなさい！」

「えっ！　何するんですか！」

「いいから！　貸しなさい！！！」

半ば強引にツヨシからスマホを取り上げ、一瞬の隙をついて顔認証も解除するアマビエ。そして、おもむろにテーブルの上に置いてあるチョココロネをむさぼるように食べ出した。

「旨っ！　なにこのふっくらした生地にコクのあるチョコクリームのコラボレーション！　パンっていうより、ケーキじゃない。いやだ！　パンとケーキのいいとこどりだわ！」

なんだなんだ、唐突に大袈裟な食レポをしだしたぞ。でも、ほんとに美味しそうに食べるな。一気に食べ過ぎてチョコが口のまわりにベットリ付いてしまっている。

「ま、こんなもんかしらね！」

「ん？」

アマビエは、チョココロネを美味しそうに頬張っている姿にツヨシの注意を引きつけている裏で取り上げたスマホを三本の脚のうちの一本を使って器用に操作していた。

「これをリエちゃんに送信っと！　で、文章は削除っと！」

「おんどりゃー、なに勝手にＬＩＮＥ送ってんだ！　このオネエ妖怪！　返せ！　俺のスマホを返せ！」

アマビエは逃げ回り、何度も捕まえようとしたが捕まえられなかった。ゼーゼー息を切らしながらスマホ画面を確認して、唐突にツヨシにスマホを返した。

トーンを落として、ゆっくり喋るアマビエ。

「見てみなさい。アンタが日曜日にリエちゃんに送ったＬＩＮＥ、既読になったわよ」

急いで確認すると本当に既読になっていた。

え？　あっ！　え、ええええええ？

くそ、どういうことだ?!　何をしやがったんだ、こいつ。

俺がずっと心に引っかかっていたことを一瞬で解決しやがった。

……まさか、失礼なメッセージなんて送ってないよな。

アマビエの言葉通り、送った文章は削除されていて確認できなかった。

オデコくらい出しなさいよ

「あとね、アンタ前髪上げなさいよ！　オシャレのつもりかも知れないけどね、オデコ出さないと運気下がるし、モッサい雰囲気モリモリで、本当に気持ち悪いわよ」

スマホを取り返すためになりふり構わず動いたら髪の毛が乱れて、前髪が思いっきり目にかかってしまっていた。

なんで妖怪に髪のことまで言われなきゃいけないんだ！　しかも勝手にリエちゃんにＬＩＮＥを送りやがって！　人のプライベートをなんだと思っているんだ！　絶対許せん！

「お言葉ですがっ！」

「どーせ、妖怪に髪型のことなんて言われたくない！　って思っているんでしょ？」

くそっ、こいつめっ！（図星過ぎて、言葉を飲み込んでしまった）

「アタシはロングヘアだけど、しっかりオデコが出るようにしているわ。精霊も運気下がると能力が出なくなっちゃうのよね」

精霊じゃなく、妖怪だろうが……。

「で、アンタの髪型には、なんか意味あるの？」

はい？　意味？　美容師さんに前髪が長いと小顔に見えるし、アンニュイな雰囲気を出せると聞いて、なんとなくこの髪型にしてもらっているくらいで、大した意味なんてあるわけない。

「小顔でアンニュイ？　キモっ！」

ちっ、いちいち人の心の中を読んでツッコむなんて、底意地の悪いやつだな。

次の朝、アマビエとの会話が心から離れず、普段より早く起床して気がつくと髪を整えていた。前髪を上げ、おでこを思い切り露出させるスタイルに仕上げた。最初はいつもと違う雰囲気に違和感があったが、何度か鏡を見つめているうちに、不安感が和らぎ、自信が湧いてくるのを感じた。

前向きな気持ちになったせいか、勢いでいつもより早い時間に出勤してしまった。

あれ？　掃除している女性がいるな。今まで気が付かなかったけど、朝早くにこのフロアを掃除してくれている人がいたんだな。

「おはようございます」

「あら！　おはようございます。今日は早いんですねぇ！」

え？　今日は……？　ってことは、この人、俺のことを知っているのか？

「はい。少し早起きしたので、いつもより早く出たんです」

「まあっ、髪型も今日のほうがスッキリしてお似合いよ、ますます仕事ができる男って感じがするわねぇ。今日も頑張っていってらっしゃい！」

「はいっ！　ありがとうございますっ！」

髪型ひとつでこれだけ周囲の印象が変わるのか。案外、色々とチェックされているもんなんだな。

苦手な後輩

自分の部署のフロアに着くと、こんな早い時間から仕事をしている人がいるのに気が付いた。それは後輩の堀川だった。彼はツヨシに目をやると、わずかに会釈をし、一瞬の無言の間の後、再び仕事に向かっていった。

あいつ、苦手なんだよな……。

堀川は何を教えてもすぐに理解し、仕事も迅速で正確だ。だからなのか、誰かがミスをすると先輩や同僚でも遠慮なく噛みつくところがある。

この間も、プロジェクトの仲間がクライアントとトラブルになったときも一切助ける素振りも見せず、こんなことを言っていた。

「僕はくだらない揉め事に首を突っ込みません。改善や挽回の余地があるミスや理不尽は見過ごしませんけど、自分は自分にできることしかやりませんから」

先輩の立場からすれば、もっとみんなと助け合っていくべきだし、そうじゃないと孤立するのは目に見えている。だが、仕事ができるだけに、その態度を注意できないでいた。いまだって先輩に対して「おはようございます」の挨拶くらいするべきだ。あいつ、女子社員と喋る時だけ陽気なキャラを気取っているから結構人気があるんだよな。

いつも人によって態度を変える姿勢を思い出して少しイラッとした。

あんな奴の、一体どこがいいんだか……。

ツヨシは堀川が後輩であるが故に、もし彼が何かミスを犯すようなことがあれば、お灸を据える意味でも容赦なく注意を促そうと心に決めた。

それにしても、朝から変えた髪型のことを女性に褒められ、嬉しさを隠しきれなかった。その褒め言葉は心地よく、一日中気分が良かった。そのせいか、仕事もはかどり、終業後の疲労感もほとんど感じなかった。

心地よい気分に包まれたまま、家に帰るなり、アマビエにその日の出来事を報告した。

「あら！　ようやくヤワくなってきたじゃない！」

「はい？」

アマビエの表情がパッと明るくなった。いつにもまして嬉しそうだ。

「昨日、あんな剣幕で眉間にこ～んなにシワ寄せていたのが、ヤワくなっているわよ。オデコもピカピカして出世の相が出ているわ。結局、モテない人は恋はもちろん、期待もされないからロクな仕事もチャンスも与えられず、出世もできないからね」

俺はムっとした。恋愛はともかく、仕事に関しては自信があるんだ。

「それは流石に違いますよ。だって、仕事は運気とかじゃなくて、実力の世界じゃないんですか？　実際、僕は一生懸命やっているし、人事評価だって悪くない。同期の中でも頑張っているほうですよ」

モテる人は仕事もできる

「ツヨシくん、アナタはお札を刷れますか？」

アマビエからさっきの明るい態度が、あっという間に消え失せ、その表情は不意に厳格なものへと変わった。

は？　何いってんだ。日本の法律も知らないのか？　しかも「くん」づけで敬語？

「刷れるわけないじゃないですか。そんなことしたら犯罪ですよ！」

「つまり、お金はどんだけ頑張っても自分ではつくり出せないということですね。ツヨシくんはお仕事を上手くやって、その対価としてお金を他人からいただくしかお金を得る方法がありません。このロジックは理解できますか？」

急に真面目な口調になって、アマビエの中の人が変わったかのようだ。

「では、次の質問です。ツヨシくんは、どんな人に対してお金を出しますか？」

「そりゃ、好きな人でしょう。どんなに安くていい商品でも、嫌な奴からは買いません」

あれっ！　そうか。好きってことは、その人は俺からモテているってことになるのか……。

アマビエは、再びさっきの嬉しそうな微笑みを浮かべた。

「そうよ！　好きっていうことは、モテているってことなの。しかも、性別問わず！　お客さんにも同僚にも上司にもモテるってことは当然、仕事の成果につながるのよ。しかも、モテるってことは目立つってことよ。誰も見てくれてないのに、どうやって評価されると思っているのかしら？　これまで、掃除のおばちゃんの存在、知らなかったでしょ」

たしかにおばちゃんの存在は、気が付いていなかった。自分も同じように周りに気付かれなかったら、存在していないのと同じだ。

モテも実力のうち

「アンタ、Ｗｅｂデザイナーだからわかると思うけど、なんでこのデザインが流行ってるの？　みたいなのがあるでしょ？　アレこそモテているってことよ。評価する人がいるからとも言えるわね。それもそのクリエイターの実力のうちなの」

たしかに、駆け出しの頃に先輩から「わかりやすく」「シンプルに」と何度もボツをくらったのは、よりたくさんの人に伝わってこそ……だからだったのか。

「アンタの『頑張っています』っていうのは自己満足でしょ？　それに、人事評価は社内の勤務態度も含めた評価で、Ｗｅｂデザイナーとしての実力じゃないわ。アンタの実績だって会社の名前でとってこられているだけだしね。フリーランスで独立してみなさいよ？　箸にも棒にもかからないのがアンタの現実よ」

いきなり深い谷底に叩き落とされた。さらに、これまで積み上げてきた自信が足元から崩れ落ちるような感覚に襲われた。

「まあ、ちょっと言い過ぎたわ。ごめんなさい。フリーランスはフリーランスで大変だし、アンタにはサラリーマンとして人の下でやっていく才能があるともいえるのよ。そこは心配しないでいいわ。ちゃんとできているわよ」

フォローになってないフォローをするアマビエ。

「それにね、あんなにカタかったのが一晩でヤワくなったんだから、これからよ。こんなにヤワくなれたってことは、人生の一発逆転ワンチャンあるわよ。なにしろアタシがついているんだから、なんの心配もいらないわ。アマビエ丸という大船に乗った気でいなさいな」

話を受け取れる人になれ

「アンタ、今までカタすぎたから、何も受け取ることができなかったのよ。でも、髪型変えたら、ちょっとは受け取れるようになったじゃない」

受け取れないのはカタかったから？　じゃあ逆にヤワくなると、受け取れる？

アマビエのいうカタいとか、ヤワいとかってどういうことなんだろう。

アマビエの話に興味を駆り立てられたツヨシは無自覚に背筋を伸ばし、姿勢を整えた。

「あらっ！　ちょっとはお説教が効いたみたいね！　いいじゃない！　ヤワくなるってことは、自分のわがままを少し捨てる、他人の話を受け入れてみる、ミスや失敗を許す、愚痴や悪口を言わない、誰かのせいにしない……、ちょっと難しく言うと、外の世界の何かに反応して強張ってしまう自分の心をゆるめるってことなのよ！」

うーん。たしかに、昔に比べて、自分の好き嫌いで反射的に物事を判断していることが増えたかもしれない。じっくり語り合う友人もいるわけじゃないし、自分の意見に反対してくる人とは自然と距離をとってしまうし、不愉快なことからは真っ先に逃げて自分を守ってきたんだろう。

「すべての幸せは自分次第なわけ！　わかる？　チャンスがあっても使えないの。さっきまでの自分はアタシからラブリーギフトをプレゼントされても〝受取拒否〟だったじゃない？」

アマビエの話は回りくどいが、言いたいことはわかってきた。まずは柔軟に相手の話を聞け！　ってことか。でも、こんな怪しげなオネエのおっさん？　の話を真面目に聞いている状況もなんだかしっくりこないけど、妙な説得力があるんだよな……。

モヤモヤとした思考がツヨシの頭を巡りはじめたその時、アマビエは鋭く口を開いた。

「何ボーっとしてるのよ。アタシの話をちゃんと聞いてるの？　ま、いい感じにヤワくなってきたことだし、昨日の引き寄せの法則の続きからギブするわね！　めちゃくちゃ大事なことだから、しっかりついてくるのよ」

……アマビエが、急に学校の先生みたいになってきた。

引き寄せの法則をパワフルにする

「おお、お願いします」

ずっと心の片隅に引っかかっていた話が、向こうからやってきた気がした。

「まずは復習からよ。ポジティブな感情はポジティブな出来事を引き寄せ、ネガティブな感情はネガティブな出来事を引き寄せるの。これはアンタもわかったでしょ？」

「はい」

「例えば、自分がモテなくて、悔しくて、モテる人のことをさげすんだりしながら、アタシの教えを実践しても彼女なんてできないわよ。マジでキモイ中年オヤジのままだから気をつけなさい。逆に、彼女がいたら毎日楽しいだろうな、きっと自分にない世界を彼女が見せてくれて、2人で成長しあえるんだろうな、日常に安心と安らぎがあるんだろうなってニヤニヤしながら実践するの。そしたら彼女なんてパッとできるっていうわけね！」

「心の持ちようで結果が違うってことですか」

「そうよ！　わかってきたじゃない！」

「じゃあ、ポジティブな感情を持って、行動すれば人生が好転するんですね！」

「そうだけど……、アンタ、ポジティブな感情……、出せるの？」

ポジティブ感情のつくり方

言われてみれば、このところ、ポジティブに物事を捉えたことが無かったかもしれない。リエちゃん、アカネさんとうまくいかなくて、世界なんてロクなもんじゃない、人生は親ガチャ次第、元が悪けりゃ無理ゲーなんじゃね？　なんて思っていたくらいどこか自分ではない何かのせいにしていた。

「そもそも、ポジティブって言葉の上っ面だけなぞって、ポジティブがどういうもんか、まったくわかってないでしょ」

正直言って、今のは図星だった。

「だから、アンタの場合は、ポジティブになろうとするんじゃなくて、まずはネガティブからニュートラルに戻らなきゃダメなのよ！」

「ニュートラル？」

「そうよ！　常にネガティブに捉えるクセを、まずはニュートラルな場所まで戻すの！！」

「それはどうすれば？」

アマビエは待っていましたと言わんばかりの表情になって口を開いた。

「過去は水に流すのよ！」

アマビエは、遠慮のないド直球の言葉を投げかけてきた。

過去は水に流す

「今のアンタをつくったのは、過去の経験や体験だと思っているでしょ？」

「そりゃそうですよ。過去があるから今があるし未来もある、当然でしょ？」

「アンタ、昔、一度でも失敗したことは自然と避けてるでしょ？　逆に、上手くいったことは得意げにやっているはずだわ。でもね、過去にどんな嫌な出来事があったとしても、記憶というデータに過ぎないのよ！　過去はここにはすでにないの。全てはデータに過ぎないのよ！だから、アンタに必要なのは〝今、ここで幸せになる〟って早く決めること！」

たしかに過去はデータに過ぎない……でも急に言われても納得できないぞ。「決めるだけ」って、たったそれだけで幸せになれるなら誰もこんなに悩まないし、過去に引っ張られるなっていう話も無理がある。

「だったらこう考えたらいいじゃない！　過去のことでああしておけばよかった、こうしておけばよかったって考えることあるでしょ？」

「そりゃ、たくさんありますよ」

「じゃあ、タイムマシンに乗って、過去を変えられるの？」

「それは無理です」

「そうよね、過去には戻れないからね。だったら、過去のことを考えるだけ〝時間の無駄〟ってこと。万が一戻れたとしても、過去を変にいじくると今の安定が壊れちゃうわよ。タイムパラドックスってやつね！」

「……過去にこだわっても仕方がないことはわかりました。でも、どうしたらいいんですか？　簡単に割り切れたら苦労無いですよ」

水の偉大な力

「あんた、凡ちゃんのこと知っているかしら？」

「ぼんちゃん……、司会者の方ですか？」

「大木凡人《おおきぼんど》じゃないわよ！　川面凡児《かわつらぼんじ》くんよ！」

「か・わ・つ・ら・ぼ・ん・じ……？　し、し、知りません……」

「本当に何も知らないのね、アンタ。まあ、今のはちょっと面白かったからいいけど……」

「す、す、すみません、川面……凡児さんについて教えていただけますか？」

「凡ちゃんは、キングオブ神道家よ！　禊《みそぎ》って聞いたことあるでしょ？」

「滝に打たれるとかですか？」

「そうよ！　罪とか穢《けが》れを水浴行為で落として自らを清らかにするやつね！　神社でお参りする時

も手水で清めるでしょ？　あれよ！　その禊《みそぎ》を最初に始めたのが凡ちゃんなの！」

「へえ、そうなんですね」

「過去はデータに過ぎないというのは頭では理解できるけど、体感としてまったく納得できないでしょ？　だから、過去は水に流すのよ！　アンタみたいに頭でっかちな重症くんは、理屈云々《うんぬん》の前に体感するのがお勧めよ」

「滝行、するんですか？」

「そうね！　と言いたいところだけど、そんな根性ないでしょ、アンタ？」

「はい……、正直、ないです」

「でも、安心していいわよ。水の性質を使って過去は水に流せるのよ。自然の中に行って、湧き水とか飲んだらめちゃくちゃ美味しいでしょ？　それは自然の中を流れる水が、生命エネルギーをたっぷり含んでいるからなのよ！　あ、でも川の水は飲んだら危ないからダメよ」

どうやら滝行は免れたらしい。

水を飲もう

「まずは、いつもよりも多めに水を飲むことね！　お茶とかコーヒーじゃなくて、水よ！　水の滞りや不足がエネルギーの滞りをつくり出すの。そして元気がなくなってきたら、海とか川に行きなさい」

「水を飲むだけでいいんですか？」

「水はもともと〝流れ、循環〟する性質なの。海や地表から蒸発して、上空に昇って雲になって、雨や雪として降って、川や湖に流れ込んで再び海へ、そして大気中へと、絶えることなく流れ巡っているわ。だから、水は、流れている時が一番、生命力にあふれているのよ。すべてのものは、それがもっとも〝そのものらしい〟ときにポジティブなエネルギーを与えられるの」

アマビエの説明は、一見もっともらしいけど、あまりにも抽象的すぎて、エネルギーとかいわれても、ちょっとピンとこなかった。

「男はよくわからないかもしれないけどね、女の涙っていうのは、感情を流すために流しているのよ。だから、ひとしきり泣いた後、勝手にスッキリしているでしょ。失恋した女子が海に出かけるのは、過去を水に流したいからなの！　女子は本能的にわかっているのよ。それをアンタは、何やらプレゼントしようとしたりしたでしょ？　ほんとうに女心がまったくわかってないんだから。一番効果的なのは、好きなだけ泣ける環境をつくってあげることよ」

……なんということだ。リエさんによかれと思ったアドバイスは全部裏目に出てたってことか！　リエさんの気持ちに共感してツラい気持ちに一緒にひたればよかったのか……。

もしかして、女子社員が給湯室を好きなのも、水に流すためなのか。あそこでの俺の悪口も彼女たちの感情を水に流す行為だったんだな。

「整体を受けて、その後に水をたっぷり飲むようにって言われるのも、こういう理由からよ。身体の中に長くたまっていた古いエネルギーとか毒素が身体の中の水分に乗っかって外に出やすくなるの。身体の水分をどんどん入れ替えることで、古いエネルギーを身体の外に出すのよ。なんか気分が優れないのは、情報と感情が結びついているからよ。過去は情報！　そして感情は水で洗い流すことができる！」

感情を洗い流すことで、嫌な思い出だった過去は、純粋な情報に昇華されるってことか。たしかに気持ちが薄れれば、過去に冷静に向き合うことができるかも。時間が経つと過去を振り返れるのも、時間がその時の感情を風化させているからなのか。

……でも、やっぱり割り切れないものだってあるよな。

「世の中に理不尽なことなんていくらでもあるじゃないですか。頭でわかっていても、心で割り切れないものもありますよ」

理解できないのは理《ことわり》を知らないから

「だから自分は何もわかってないのよ。理不尽は、理を尽くしてないってことでしょ？　つまり、自分はその理《ことわり》（ロジック）をわかろうとすることを放棄してしまっているのよ。すぐに納得できないとか理解できないとか抜かして、自分の考えが足りないのを棚に上げて、人のせい、相手のせいにしてしまうの。アンタは、納得できない、考えてもわからないって口で言っているけどね、単にムカついているだけだから。ネガティブな感情に支配されている典型よ。だから、大量のネガティブを引き寄せるのよ」

「ぐ……」

「そうやってムカついてばかりいると、ネガティブの引き寄せマグネットくんができあがんでえー」

「そんな言い方しなくたっていいじゃないですか」

「このくらいハッキリ言わないとアナタ、わからないでしょ」

「感情は誰にでもあるし、湧いてくるものですよね？　感じないようにしよう、抑え込もうとしたってそんなのできっこないですよ」

「そうね、そもそもそんな風に感情を扱おうとすることが間違っているのよ。感情は右脳よ。だから右脳が支配しているうちは、まともにモノなんか考えられないわ。論理的に物事を整理して考えるには、左脳を働かせないといけないの。だから、感情は水に流すのが正しい扱い方なの。わかった？これひとつとっても、ちゃんとロジックがあるのよ。まぁ、今日はこの辺にしときますかね」

水と共に去りぬ

ツヨシはアマビエに教えてもらった「過去と感情を水に流す」というフレーズを頭の中で何回も何

回も繰り返していた。

「過去は水に流す」というアイデアは、なんとも魅力的に思えてきた。本当にそんなことが可能なのか。でも行動しなければ、何も変わらない。だけど、行動すれば、何かが変わる。自然の中に身を置いて、水の力を借りて過去の感情やエネルギーを洗い流す。「よしっ！」ツヨシは心の中で覚悟を決めた。

翌日、ツヨシは静かな海岸に足を運んだ。開放的な空気感に背中を押され、手を思いきり広げて空を見上げると、心が洗われるような透き通るブルーで、鳶《とんび》たちが風に乗って旋回していた。一瞬、宇宙まで吸い込まれてしまいそうな錯覚に陥った。それはまるで魂まで清められるような体験だった。目を閉じると、波の音がさざ波と共に、身体の隅々まで届いてきた。その音色は、目には見えないけれど、身体の中に溜まっていた古いエネルギーを洗い流してくれるようだった。足裏に伝わる感覚を頼りに、一歩ずつ、波の音が心地よく聞こえる方へと進んでいった。

波打ち際で立ち止まると、再び手を大空に向かって広げて深呼吸をした。心の奥底にしまいこまれていたさまざまな感情が湧き上がってくる。何度目かの深呼吸の後にゆっくりと息を吐いてから目を開け、水平線を見つめていると、過去の思い出や感情を海に託そうという気持ちが湧き上がってきた。

靴と靴下を脱ぎ、裸足で砂浜に触れた瞬間、くすぶっていたわだかまりの残渣が、まるで魔法のように抜けていった。砂浜の細かい粒子が、足の裏の優しいマッサージとなり、心地よい刺激を与えてくれた。

冷たい波がツヨシの足を優しく包み込む。足首まで海に浸かると、その感覚はツヨシを虜にした。潮風は心地よく鼻を撫で、高く昇った太陽の光は素肌を照らし、海面に反射した光は一層まばゆく映った。

波打ち際から浅瀬へと進むと、ますます身体が軽く感じられた。正解だと信じて築きあげてきた過去の執着からくる重みが、海の中で次第に薄れていくのを感じた。膝までズボンをくるりと捲り上げ、もう少しだけ深く海に身を委ねてみたくなった。

そして、ツヨシは手を海面に伸ばし、海水を掬い上げた。その透き通る水は、まさに生命の源であり、過去を洗い流すための神秘的な力を宿しているようだった。水滴が指を伝い、手のひらに集まっていく様子が美しく、心の内側に穏やかで幸せな感覚が満ちていった。

ツヨシは心からの感謝の気持ちを込めて、手に溜まった海水を舌先で舐めた。その一口はまるで命の源を味わっているようで、身体の内側から押し寄せてくる新たな活力をもたらした。

そのとき、身体の奥底《おくそこ》から、封印していた過去にもう一度向き合っていきたいという熱い欲求が湧き上がってきた。過去の感情や思い出が心から解き放たれる瞬間、水の中へと溶け込んでいくように感じられた。波がツヨシの足元で穏やかに寄せては引くを繰り返すたびに、その魔法のような力が、ツヨシの内側に広がっていった。

足でゆっくり波をかき分けながら、ツヨシは砂浜に戻り座った。寄せては返すさざ波を見ていると真っ赤な太陽が海の中に沈んでいく光景が目を奪い、そして少しずつ紫色から灰色へと変化していった。夕陽が西の空に沈むと、過去の自分もひっそりと夕闇に消えていくようだった。

第2章　目標はカミに書け

ラブチャンスの前髪

「なにこれ！　めちゃくちゃ美味いわね！　天草灘《あまくさなだ》にいたころを思い出すわー！！」

ツヨシは「過去は水に流す」ことを教えてくれたお礼として、名物の生しらすをお土産に買ってきていた。

「アタシといえば熊本じゃない？　で、お酒のアテに欠かせないのが馬刺しなの。中でも最高の食べ方はニンニクとショウガをたっぷりきかせて豪快にいただくの！　でも、それだと口臭が気になっちゃって、ラブチャンスの前髪を逃しちゃうじゃない？　だけどこれなら口臭を気にしないで食べられるから、本当にイイわね。ありがと！」

いつもはヱビスビールだが、今日はとっておきの希少な高級ハイボール缶を開けて美味しそうに飲んでいる。心なしか食レポにも力がはいっているようだ。ただ、若者の街・渋谷のシンボルの座を狙うアマビエにとって口臭は死活問題らしい。縁結びの待ち合わせスポットの座でも狙っているのだろうか。

いつになく上機嫌なアマビエを見て、なんだかこっちまでうれしくなってきた。もしかすると口うるさいだけで、根はいい奴なのかもしれない。そうでなければ、なんだかんだと世話を焼いてはくれないだろう。後輩の堀川が言っていたように、他人の厄介事に首を突っ込んでもろくなことはない。

アマビエの優しさを思うと、今なら素直に思ったことを聞ける気がした。

ツヨシ、下心を抱く

「で、海はどうだったのよ？」

「少し海にも入りましたが、身体も心も軽くなりました」

ツヨシは、先日の出来事を思い返していた。いつのまにか気持ちが静まったと思ったら、自然と一体化するような溶ける感覚がやってきた。その感覚を味わっているうちに、自分の内側から新たな気づきが湧き上がってきた。そんな本の中の話でしか知らなかった特別な体験が自分の身に起きたことがなによりも嬉しかった。

「人間も自然の一部だからね、調子が悪いって言っている人は極論、自然のリズムから外れているだけなのよ。気持ちが落ち込んでいるときは、海にしばらく浸かってれば、回復するわ！　しかも皮膚にたっぷり塩分補給をするからお肌もピチピチになるのよ！」

それは魚の妖怪だからでしょうが！　って心でツッコみかけた。アマビエのノリが伝染《うつ》ってしまっている自分を冷静に観察すると笑えてくる。

「アンタ今、アタシのことを魚の妖怪呼ばわりしたわね？　失礼しちゃうわホント。せっかくお土産のお礼に、『目標実現のロジック』、伝授しちゃおうと思っていたのにやめちゃおうかしら。これマジで秘伝中の秘伝なんだけど」

「イヤイヤイヤ、是非とも教えていただきたいです！　この通り！　どうかお願いします！」

反射的に土下座をしながらこんな考えが脳裏をよぎった。……もしや、こいつは美味しいものを与えると機嫌がよくなるのかもしれないぞ。この調子で適当に美味しいものを与えておけば、このオネエ妖怪、チョロいんじゃないか？　有益な情報を聞けるだけ聞き出したら、自分の心を守るためにも、これ以上説教臭くなる前に難癖つけて追い出してしまおう。

（アラ……、この子にこんなに独りよがりな一面があるのね……。これは、思った以上に抱えているものが根深いわ。でも、これもお役目ね……）

距離を置かれている理由

「ほら、ちょっと前に夢を叶えてくれるガネーシャ様が日本で有名になったでしょ？　あちらは由緒ある神様なの！　こっちは、江戸時代から続くアングラの地下アイドル精霊よ。疫病退散で脚光を浴びちゃったけど、一発屋みたいなものかもね」

おいっ、自分からアングラ発言とか勘弁してくれ。これから秘伝中の秘伝ってヤツを伝授してくれるんじゃないのか？

「でもね、アンタだって、ネガティブ思考で独りよがりで、ボッチのアングラでしょ？　そんなアンタだからこそ、アタシがぴったりってなわけ」

「……えーっと……、そう……なんですね……」

いきなり何言ってんだこの妖怪。意味わかんねえぞ。でも、ここはまだグッと我慢だ！

「アンタ、人生変えたくて色々やってきたじゃない。その熱意は並大抵のことじゃないの。社会人になっても本を沢山読み続け、休日も遠くまで講座に足を運んできたでしょ」

「それは、少しでもいい人生を歩みたくて……ですね」

「ただ、頑張ったのに残念だけど、アンタは講師の劣化コピーになっているのよ！　自分の本音を隠して、上っ面だけ取り繕ったって絶対うまくいかないの！」

「はい？」

なんかさらに意味不明なマウント取りにきたぞ。これは指導でも説教でもなく、ただの上から目線じゃないか。

ツヨシはイラっとした気持ちを抑えるために冷蔵庫からハイボールを取り出し、プシュッっと開けて、一気に飲み干した。これ以上のアマビエとの会話は、酒でも飲んでないと続けられない気がした。

「上手くいかないって決めつけないでくださいよ。だったら早く秘伝を教えてください」

まだイライラは収まらない。

「もちろん後で教えるわよ。でも、まずはこの話をアンタが受け止めなきゃいけないの」

秘伝を教えると言っているのに、やけに引っ張るな。

このままやり合っていてもらちが明かない。ここは素直に従うフリで乗り切るか。

「……わかりました。そんなに重要な話であれば、僕もちゃんと聞きます」

(アラアラ。また取り繕っちゃって……)

「アンタがやってきた『学び』ってのは、本読んで、講座に出て、役に立ちそうなテクニックを自分勝手に切ったり貼ったりしているだけなの。どれ1つとっても、何かの受け売りの切り貼りばっかりで、ちっとも自分の言葉で伝えられてないじゃない。そんな人生、劣化コピーじゃなかったらなんなのよ！　周りから距離を置かれる理由は、オリジナルのアンタ自身がそこにないからなの！」

！！！

酔いも怒りも一気に吹っ飛んでしまいそうになるほど動揺したが、同時に切実な気持ちで取り組んできたことを踏みにじられた気がして許せなかった。

「お言葉ですがっ！」

「はい、いつもの『お言葉ですが！』が出ましたね！　だーかーらー、アタシが人の心読めるってアンタも気づいているでしょ？　アンタがさっきから何を考えていたかなんて筒抜けなの。その性根がそもそもズレてるのよ。だから、本読んでも、講座に出ても自分にとって都合のいいところ、わかるとこだけコピーして、後はサッパリ忘れているじゃない？」

ぐっ……、下心が全部ダダ漏れなんて、恥ずかしすぎる。それにアマビエの言う通りだ。本で書かれていたことや、講座中に聞いたことを100％やったかと言われたら、間違いなくやってない……、自分が納得できたものだけ、お手軽なものだけをやっていた……。たしかに劣化コピーだ。

弱者の成功法則

「でもね、捨てる神あれば拾う神ありっていうでしょ？　メジャーなものだけが人気があると思ったら大間違いなんだから。最近の渋谷だと、アンタみたいに人混みが苦手な人たちが『今日もアマビエで5時っ！』って待ち合わせしているのよ」

たしかに、多くの人が行き交うターミナル駅や空港は行くだけで疲れてしまう。特に、通勤ラッシュの時間帯なんかはキツいし、人混みにいるだけで具合が悪くなることだってある。その点、アマビエ前はちょっと開《ひら》けていて、人混みの苦手な人たちの待ち合わせにちょうどいい。

「弱者のアタシらは、神様にアドバイスもらって、高尚な生き方を目指しても、結局は途中で根をあげてしまうわ。だってそんな立派な存在でもないでしょ？　だから、難しいことや高度なものには手を出さないのが一番なの。シンプル・イズ・ザ・ベスト！　これを忘れちゃダメ。必要最小限《ミニマム》の努力で結果を出すのよ！　それで少しでも結果が出たら、自信つくでしょ？」

「根拠がなくても自信を持て」っていうのもあったけど、むしろ、ハッタリかまして勝負している人をどこか軽蔑していた。何者でもないのに、何者かのフリをするなんて違和感しかなかったから。

でも、自分自身が自分の可能性を信じられないからだったんだな。結局、うまくできなかったことから逃げまくって、今の今まで来てしまった……。

まずは小さな成果を頑張って出そう！

脱力せよ

「まぁ、そう、焦らないの！　そうやって力《りき》んでいたら、新しいものは身につかないわよ！」

んんん？　頑張らないで、どうやって結果を出すって言うんだ？

「前も言ったけど、頑張るぞ！　って鼻息荒くした結果が『受取拒否』のアンタだったわけ。もう忘れちゃった？　手も握ったままじゃ新しいものはつかめないわ。それに、自分で力んでいるか、力んでないかもわからないくらい、まだ感覚が戻っていないのよ！」

……そうだ、そうだった。だけど、忘れていたっていうより、表面的な理解で学んだつもりになっていただけで、全然わかってなかったってことか……、ずっとこれを繰り返してきた……。

ツヨシの気づきにニヤリを笑うアマビエ。

「じゃあ！　行くわよ！」

「ど、ど、どこにですか？」

「どこって、アンタに『目標実現のロジック』を伝授するのにとっておきの場所よ！　週末の予定空けといてね！　って言っても、どうせなんの予定もないでしょう？　彼女もいないしね。もうこの際だから月曜日も有給とっておきなさい！」

いちいち人が気にしていることを言ってくるが、冷静に考えるとその言葉はすべて図星。さらに厄介なことに、人の心を読むこともできるから完全にお手上げだ。

いざ信州へ

その週のツヨシは自分の仕事を一気に片づけ、各所に確認と指示を出して月曜日の有給を勝ち取った。新宿で待ち合わせ、アマビエと共に意気揚々と信州松本行きの特急あずさ号に乗り込んだ。アマビエといえば、はじめての遠出に気合をいれてめかしこんでいて、新宿ゴールデン街か新宿二丁目あたりにいそうな名物ママよろしく違う意味で目立っていた。

「それにしても電車、めっちゃ混んでいるわね！　もう完全にコロナも終わったんじゃない？　とうとう私もお役目御免ってとこかしら。我ながら御利益あるわね」

車内は甲府までは満席で賑わっていたが、その後、徐々に席が空き始めた。車窓の景色も山並みが目立つようになってきた。

アマビエが車内販売のアイスクリームが食べたいと言うので買ってあげた。美味しそうに食べる姿を見るとこっちも嬉しくなってくる。

「そういえば、いっつもアタシのアイスだけ微妙に溶けているのよ！　車内販売の子がアタシに惚れて、アイスを渡す手がアツくなってしまっているのね。モテ過ぎるのもしんどいわね」

そんなわけねーだろ！　ってツッコもうとしたら、イビキをかきながら隣で爆睡し始めた。

頭痛のタネ

アマビエの自由奔放な振る舞いに半ば呆れながらアイスのゴミを片付けていると、

イテテ……。

標高が高くなってきたからか、急に頭痛が襲ってきた。昔から気圧や気温の変化に敏感なんだった。この過敏な体質、いつかどうにかできないものだろうか……。

「それもカタいからよ！」

「うわっ！　びっくりした！　起きてたんですか！」

「あずさは振り子式車両とはいえ、めっちゃ揺れるからね！　ただ、この揺れも慣れてしまえば『ゆりかご』のようなもんなのよ、ぐっすり寝入って、めちゃくちゃスッキリしたわ！　それよりアンタ、頭痛、大丈夫なの？」

「いや、まだちょっと残っています。僕は環境が変わると体調が悪くなるタイプなんですよ」

「そういうのも、ぜーんぶ、自分がカタいからよ！」

「んー、そうだとしても、そもそも、カタいってなんですか？」

「人間はね、自分をガードしなきゃいけない状況になると、自動的に緊張モードに入るの。呼吸が浅くなったり血圧が上がったりするし、筋肉も緊張して防御的になるのね！　そりゃ、ある程度は仕方ないと思うわよ。だけど、アンタの場合は、緊張が半端なく強く出ているの！　その心と身体の状態をカタいっていってるわけ。緊張性の頭痛や、寝付けないっていうのもそのあたりと関係しているのよ」

自分では自分のカタさにまったく気がつかなかった。でも、これで今までやってきたわけだから、カタくたって問題ないんじゃ？　とも思う自分もいる。そりゃあ、頭痛や寝付けないのは困るけど、日常生活に支障をきたすほどではない。

それにしても、こんな旅行を恋人と一緒に来られたら楽しいんだろうなって、ぼんやり考えているとあずさは松本駅に到着した。

解《ほぐ》れる感覚

駅前でレンタカーを借り、信州の山々に向けて走ること1時間。木崎湖《きざきこ》の近くにある白樺《しらかば》の森に到着した。太陽はまだ高い位置にあり、その光が白樺の雑木林を踊るように照らしている。自然と調和するようにたたずむ、少し古びたペンションが今回の宿泊先だ。

アマビエが俺のスマホで勝手に旅行アプリから予約したんだが、外灯もコンビニもなく、電波はもちろんWi-Fiすら利用できない。正直なところ、この状況はあまりにも不便で、すでに早く帰りたいとさえ、思いはじめていた。

「ようやく着いたわね！　めっちゃ遠かったわ！　でも空気も美味しいし、景色も最高ね！」

アマビエはツヨシを尻目に自然を満喫している。月曜日まで帰れないし、特にやることもないから、白骨のように無気味に白く横たわっている白樺の枯れ木に腰掛けて、目の前に広がる白樺の森をぼんやりと眺めて過ごしていた。

でも、それだけでも身体のあちこちから緊張が解《ほぐ》れていく感覚が伝わってきた。

「アンタさ、無意識のうちにものすごく緊張していたのよ。でも、だからこそすぐに解れる感覚がわかったのかもしれないわね。じゃないとその感覚は味わえないから！」

たしかにアマビエの言うとおりだ。こうなったら、とことん解れてみるか……。

自然体で過ごす

日が沈むまで白樺の木に腰かけて「ぼーっ」と過ごす。スマホを開くこともなく、ただ食事をし、入浴した。いつもならお風呂上がりの一杯といくところだが、今日は身体がそれを拒否し、そのまま眠りについた。

翌日、日の出とともに自然と目が覚めた。アマビエから聞かされている2日目の予定は、再び白樺の森で「ぼーっ」と過ごすだけ。東京にいるときは眠りの浅さをいつも感じていたけど、昨夜は久しぶりにたっぷり熟睡できた。

「アンタ、イイ感じになってきたじゃない！　自然の中である程度の時間を過ごすとね、自分を守らなきゃいけないっていう過度に防御的な構えがすーっとゆるむのよ。自然体っていうのに近づいていく感じね」

今日はアマビエの言葉がスッと自分の心に入ってくる。いつものイライラがどこかへ消えてしまっていた。そんなことをぼんやりと考えていると、人間は自分一人で生きているわけではないことに今さらながら気づかされた。空気、水、食事、そして自分を支えてくれる人々、環境、ありとあらゆるものに支えられて生きているのだ。

そう考えれば、嫌味を言いながらも投げ出さずに親身になって寄り添ってくれるアマビエにも、自然と感謝の気持ちが湧いてくる。仕事でうまくいかなかったり、失恋したり、体調に問題があったりすると、感謝の言葉はなかなか出てこない。

でも、今のようにぼんやりと自分を取り巻く環境に想いをめぐらせてみると、自分を陰でけなす人たちや、待ち合わせをすっぽかしたリエさんに対してすらも、ネガティブな感情は出てこない。

さすがに、感謝の気持ちまでは湧き上がってこないけど、みんなに支えられてきたことを実感する。それ自体が幸せだなのと思えた瞬間だった。

一体、何にそんなに緊張していたのだろうか。一体、何からそんなに自分を守ろうとしていたのだろうか。いや、そもそもそんなことにすら気づいていなかったのかもしれない。

紙に書いた想いは実現する

「自分では、全く気がついてなかったけど、むちゃくちゃ緊張していたんですね」

「自然の中でぼーっとする充足感を味わうことができれば、もう準備ができた証拠よ!」

「準備？」

「では、お待たせしました！　アマビエ式目標実現のロジック、伝授します！」

突如として、アマビエの講義が幕を開けた。

「いい？　結論から言うわね、目標は『紙に書くと実現する』の。モテる人とそうでない人の違いは、自分の目標を紙に書くか、書かないか、それだけの違いでしかないの！」

〝紙に目標を書くことで、それが潜在意識に深く刻まれやすくなる〟というのは、成功法則の本には欠かせない教えだ。潜在意識に刻まれることで、無意識のうちに目標に向かった選択をするようになるっていうヤツだ。もちろん、そんなことはよく知っている。過去にも、何度か目標を紙に書き出してみたことがある。その中には達成されたものももちろんある。だけど、それ以上に達成できなかった目標のほうが多かったのも事実だ。

「ところでアンタ、何か勉強するときの本は紙で読む派？　電子書籍派？」

「最近は、電子書籍が多いですね。移動中でもスマホで気軽に読めるし、便利なので」

「ア、ホ～ウ！」

アマビエは口をすぼめ、フクロウのマネをしながら語尾を伸ばした。

「えっ？　なんですか？　いきなり」

「アンタ、ホントに、なーんも考えずに生きているのね……」

「紙と電子書籍では、同じ文章を読んでいても、脳の機能がまったく違うのよ！」

同じ文章なんだから、本でも電子書籍でも同じでしょうが！

「なにか勉強したいなら、間違いなく紙の本で勉強しないと効率悪いわよ！　電子書籍で勉強するからアタマに入らないのよ！　これに関しては、エビデンス取れているからね！　自分が何かする時も紙に書き出して考えるほうが、はるかにはかどるのよ！」

マジか！　科学的に証明されているのか？　なら信用できるかも……。

「そう、紙《カミ》に、自分の想いが入ると、神《カミ》になるの！」

紙は神に通じる

……、……、紙が神……。アマビエは冗談で言っているのか、はたまた本気なのか……。前なら確実にここで反撃開始のゴングの音が響いていたな……。明らかに白樺の森の恩恵に違いない。

「水木大先生のゲゲゲの鬼太郎に出てくる妖怪たちもね、鳥や木や草花、そして石の中にも霊が宿ると考えられてきた精霊信仰《アミニズム》の名残なのよ。精霊や妖怪っていうのは、自然や道具といったものに対する人間の在り方を問いかける存在なの。そういった意味でも人の想いとモノっていうのは深い繋がりがあるわけ。中でも紙は古くから公文書や儀礼なんかで使われてきたとてもパワフルな媒体なのよ」

なるほど、単なるダジャレってわけじゃなさそうだ。

神様のご利益に頼らない

「ただ、気をつけなきゃいけないのは、様々な霊や人の想念が宿った『物神・呪物《フェティッシュ》』が人に禍福をもたらすと信じる呪物崇拝と混同することね」

「フェティッシュ？」

フェティッシュと聞いて、一瞬だけ赤いエナメルのボンテージ衣装が浮かんだツヨシはアマビエに心のうちを読まれないうちに速攻で意識から振り払った。

「そう、フェティッシュは物神とか呪物とも言うわね！　最近アツい呪術廻戦に出てくるアレね」

やっぱり勘違いだったたか、と赤くなるツヨシ。

「開運のお守りとか、なんとか人形とか、そういうのがあるでしょ？　ああいうのは、色んな人の欲望や執着といったものが、パンパンに詰まっているの」

「それって、大丈夫なんですか？　ご利益を願う人が多すぎるものって、それそのものが欲の塊になっちゃいそうです。もしかして、ネットの口コミに出てくるような、都合のいい神様に頼ったらダメっていう話に通じますか？」

「アンタ、察しがいいじゃない。アタシも神の一種だから、他の神様をどうこう言わないけれど。大丈夫かどうかはつくり手の想いと受け手の感度次第ってとこね。例えば、願いがこもったもので理想的なのは、母親が子どもの健康のためを想ってつくったお弁当ね。手づくりだろうが、冷食だろうが、子どもにとって一番の栄養になるのは、わかるわよね？」

「はい、それはわかります」

「アンタがお土産に買ってきてくれた生しらすが美味しかったのは、アンタの気持ちがのっていたからよ。美味しいものを与えればチョロいなんてアタシをなんだと思っているの！　涙が枯れるほど嬉しかったのに、ナニよ！　難癖つけて追い出そうって！　あんまりじゃない！！」

う……、そ、そうか……、自分のアマビエに対する感謝の気持ちを、あろうことか、自分自身が踏みにじって台無しにしてしまった。そりゃあ、色々言われても仕方ないな……。

「いいこと？　いずれにしても、人の目に見えない想いは目に見えるモノと合わさることで、はじめて現実化するエネルギーが発動するのよ。これって、世の中の絶対的な法則だから、覚えておきなさい！」

保管のマル秘極意

なんか一見、当たり前の話のようで、奥が深いな。気持ちとモノの両方が合わさるときに現実化するってことだよな。

あれ?!　もしかして、変な気持ちから手に入れたものは、形のないもののほうがいいってことか？

「あ、それと、逆に言えば、ヤバいものは、データだけで保管しておくのよ。人にも見せられないものは、データで管理しなさいよ！　あと、心霊写真とかオカルトものも本で持っていると運気が下がるわよ。だからといって、ＳＮＳや動画サイトでヤバいコンテンツを見まくるのもダメだからね！　興味本位で手を出さないのが一番イイっちゃイイんだけど……」

アマビエはニヤリと笑い、チャーミングにウィンクした。

クソ、一瞬浮かんだのをしっかり読み取ってやがった。でも、そういうのを専門に仕事にしている人も運気が下がるってことなんだろうか……。

「それはアンタと一緒に考えたらダメよ。セクシー女優さんとか、葬儀屋さんとか、そういう仕事に就く人は、そういう星の元に生まれてきているの。自分の役割に沿って生きている人にとっては、運気が下がるどころか、探求することで運気はあがるってわけ。一般的に運気っていうと『願望実現度のバロメーター』みたいに使われているようだけど、要はその人らしい人生を歩む助けになるかどうかってことね」

んー、奥が深いぞ……。それにしても、今日は何でも答えてくれるな。

実際に目標を書いてみよう

「さて、ちょっと脱線しちゃったから、話を元に戻すわね。最初に『紙に書くと実現する』って話したけど、これを少し補足すると、目標は紙に書いて目に見える形を与えない限り、目標はボンヤリした夢に留まっちゃっているってロジックがあるの。紙という現実世界の媒体と、目標を達成したいという強い想いが合わさることで、はじめて目標は現実化するのよ！」

アマビエの講義が徐々に熱を帯びていく。

「とにかく、目標を紙に書くのよ！

紙じゃないとダメだからね！

スマホのメモに入力してもダメ！

パソコンに入れてもダメ！

脳の中にあってもダメ！

無意識に入れたままにするのもダメよ！」

どこからか、アマビエがペンとメモ帳を取り出し、手渡してきた。

「とにかく、思いつくままに紙に書き殴りなさい。これはね、自分へのラブレターなのよ！　アンタが胸の内に抑え込んできた、やってみたいこと、諦めてきたこと、成し遂げたかったことなんかを、片っ端から拾い上げていくの」

ラブレターって！　恥ずっ！　女の子にも書いたことないのに……しかも今?!

「ナニ、恥ずかしがってんのよ！　アタシとアンタの仲じゃない！　自分にラブレターの1つも書けない奴が、好きな女の子に気持ちなんて伝えられるわけないでしょ！」

アマビエが興奮している時は、いつも以上に人の心が読めるみたいだ。

「と、と、とにかく、今からやってみます！」

自分のやりたいことを考えているうちに、ふと先日の出来事が浮かんだ。スポーツジムでいつも受付を担当してくれる平井さんの笑顔が印象的だったんだ。彼女と付き合えたら、楽しい時間を過ごせるだろうな、なんて想像してしまった。

そこで「スポーツジムの受付の平井さんと付き合いたい」とメモ帳に書いた。すると、アマビエはハッキリと不機嫌そうな表情を浮かべた。

「アンタ、マジで自己中で気持ち悪いわね……」

「えっ？」

だって、好きな人とだったら手もつなぎたいし、デートもしたいし、いい思い出だって作りたい。

それって普通のことなんじゃないのか？

呪いの目標

「これは、目標じゃなくて、呪いでしょ！　生き霊飛ばすんじゃないわよ！　平井のアヤちゃんの都合はどうなっているの？　自分の都合だけで付き合いたいって、彼女の都合は完全に無視しているでしょ！　うっわー、マジでキモイわ〜。今年一番引いたわよ」

恋愛の話題のたびに激しくツッコまれると、自分がどえらくダメ人間な気になってくる。それにしても、平井さんはアヤちゃんって名前なのか！　イヤイヤダメだ、そこじゃないだろ俺。そんなんだからダメなんだ。気持ちを切り替えなければ……、気持ちを……ぐぅ。

「……もういいです。……僕なんかには無理だったんです。目標や希望なんて持たないで、これから生きていくことにします……」

待ちの姿勢は永遠にモテない

「アホ！！！　アンタ、そんなことばっかり言っているから、今まで女の子をガッカリさせてきたんでしょ？　女の子は、好きな相手に好意を匂わせることはあっても、死んでも好きとは言わないものなのよ。

女の子は基本、どこまでも「待ち」なの。消極的なメンズは、どんなにイケメンでも永遠にモテないわよ。女の子はアリかなって思ったメンズにも、必ず一回は断って本気かどうかを試すのよ。

それがたとえその場限りのナンパだったとしても、その熱意に身を委ねたいの。だから、自分のことを好きだと言ってきた相手がちょっとでも腰が引けるそぶりを見せたら、めちゃくちゃガッカリして100年の恋も一気に冷めちゃうの。そこで試合終了なのよ。スラムダンクの安西先生でもどうしょうもないことだわ」

「……」

「告白してフラれた意中の女の子が、チャラ男とイチャイチャしているのを見て、女子なんか信じられなくなったアンタのトラウマくらいお見通しよ！　アンタあのとき自分なんかダメなんだって、自分から逃げたんだからね」

冷や汗やあぶら汗が全身から一気に吹き出して、止まらなくなった。

なんてこった。まじか、まじか！　まじかああああああああああ！

あの時、もっとあの娘に真剣に向き合えば結果は変わっていたってことか。

「目標設定にはコツがあってね、適切な目標と不適切な目標があるの！　もっとわかりやすく言うと、達成しやすい目標と達成しにくい目標があるのよ！」

アマビエが何かを言っているが、その言葉はまるで風のように耳から通り過ぎ、頭に全く入ってこない。彼女ができなかった根本的な問題が、ハッキリと目の前に明らかになって、心は逃げ出したくなる気持ちに全身を支配される。身体は足が竦《すく》んでしまって身動きが取れない状態に陥ってしまった。

「そ、そ、そうなんですか、そ、そ、そうなんですね……」

あまりに落ち込んで前後不覚なツヨシに気づき、アマビエがしまったという顔をした。

「ちょっと、アンタ大丈夫？　ツヨシ！　しっかりしなさい！　ごめんなさいね。言い過ぎたわ。最近、ちょっとイライラしすぎているわね、アタシ。たぶん、今話題の男性更年期なのよ。今度から気を付けるわね」

達成しやすい目標設定

アマビエは休憩を提案し、ツヨシを白樺の切り株に座らせ、とにかく姿勢を楽にして過ごすよう伝えた。ツヨシは何もする気力もなかったが「ぼーっ」と白樺の森の美しい姿を眺めているうちに、自然の安らぎに包み込まれていることに気づいた。白樺や土の香り、野鳥のさえずり、近くを流れる沢のせせらぎ、そよ風が肌を撫でる感触。これらのすべてがツヨシの心と身体に心地よい安心感をもたらしてくれた。

無意識のうちに深呼吸を繰り返していると、気持ちが次第に落ち着いていった。さっきまで全身を支配していた嫌な気持ちが、内側から湧き出る水に洗い流されていくのを想像した。これも前に教わった「水に流す」の一環だ。そして、嫌な気持ちがすっかり洗い流されるのを待って、アマビエに正面から向き合ってお願いした。

「達成しやすい目標の設定の仕方、教えてください」

「わかったわ！　耳の穴かっぽじってしっかり聞きなさいよ！」

アマビエは満面の笑みを浮かべた。

「まずは必要最小限《ミニマム》の努力で小さな成果から出すのが弱者の成功法則だったわよね。それには目標を達成しやすくしないといけないわ。だから、他人が極力関与しない目標にすることなのよ！　さっきの場合だと、彼女の都合っていうものがあるでしょ。だから『アヤちゃんと付き合う』っていう目標はＮＧなのよ！　わかるかしら？」

たしかにそうだ。今まで自分の気持ちばっかりで考えていた。それが達成できない確率を高めていたんだな。でも……。

「えーっと……、お言葉ですが……、人は人と関わって生きているわけで……、他人が関与しない目標なんて設定可能なんでしょうか」

「そりゃあ、人生における目標なんだから、筋トレのセット数やウォーキングの歩数目標と同じというわけにはいかないわ。すべての目標には大なり小なり他者が関与してくるわよ。でも、初めから特定の誰かを巻き込むようなのは、相手の都合が絡んでくるから難しさが格段に上がるのよ。そこは必要最小限《ミニマム》でいいの。たとえば『理想の彼女ができた』ならＯＫよ！」

これ、知ってる！　知っているぞ！

しかも、アマビエも現在完了形で文章をつくってきた。前に読んだ自己啓発本に書いてあった通りだ。

「目標のつくり方は、現在完了形で書くといいんですよね。あとは、繰り返し書く。その後に『ありがとう』と繰り返し唱える！」

調子も戻ってきて、ツヨシは自分の知っている知識をひけらかした。

「そうね！　ほとんど合っているわ！　でも、ちょっとだけポイントを外しているわ。一番大事なことは別にあるのよ！」

アマビエが大事なことを喋る時のトーンを落とした声になっている。

シンプル・イズ・ザ・ベスト

「目標は、現在完了形にすると叶うとか、現在進行形で言うとそうなるとか、大声を出すと叶うとか、繰り返すと叶うとか、『ありがとう』を繰り返すと叶うとか……　いろんなバリエーションを本で読んだことがあります。でも、それらは重要じゃないってことですか？」

「そう、大事なのは〝感情〟よ！　目標を書いているときに〝感情〟を乗せることが必要なの」

感情か、不安だとか嫌な気持ちとかはわかるけど、目標設定にどう使えばいいんだ？

「いい？　アンタが学んできたことや、考えていることは、どれも方法論《メソッド》なの。だからバリエーションができてしまうわけ。だけど本質はいつも1つよ。本質っていうくらいだからね。方法論《メソッド》は本質というイデアの影なのよ」

アマビエに指摘されて、ハッと気づくものがあったツヨシ。

「シンプル・イズ・ザ・ベストって、本質にたどり着くための考え方だったんですね」

「アラ、どうしたの急に。冴えているじゃない。その通りよ！　でも、本質はシンプルであるがゆえに、それだけをパッと言われてもわからないのよ」

正直、今の話でいえば「感情が大事」って言われてもピンとこなかったしな……。

感情を味方につけろ

「じゃあ、続けるわね。繰り返しになるけど、感情ってめっちゃ大事なの。ママが子供たちと話すときと同じね。単に『学校に行かなくちゃいけないから早く起きなさい』と言うだけだと、子供たちは絶対にグズグズして起きてこないわ。それよりも、今日の楽しい一日の計画を共有して、ワクワク感を伝えるのよ。たとえば『今日は学校に行ってツヨシくんたちとサッカーするんでしょ。そして、今日の給食のメニューはあなたの大好物のカレーよ！』って言うと、子どもたちはベッドから飛び起きてくるわ」

この話を聞くと、感情がいかに行動の原動力になっているかが伝わってくるな。昔の自分は「経済的に自由になる」という目標をただただ書いて、まるで呪文のように繰り返し口に出していただけだった……。

「あと、目標って定めた時点では、まだ叶っていないでしょう？　ありがちな失敗が、目標を書きながら、『そんなの達成できるはずがない！』って思っちゃうことなのよ。少しでもそんな感情が混ざってしまったら、その感情が現実化するから、達成できるもんもできないわよ！」

マジかよ！　一生懸命現実を変えたくて取り組んでいたのに、スタートラインにも立てていなかったってことじゃないか。

「何か目標を達成したいなら、自分のポジティブ感情を同調させる必要があるの。だけど、目標というのは、将来に向かって設定するものだから、今という現実とギャップがあるの。そうすると『そんなの達成できるわけないじゃん！』って悪魔の声が聞こえてしまうのよ！」

「じゃあ、目標を立てること自体が、無理ゲーじゃないですか！」

「アンタね、そのネガティブ感情のリピート再生をいい加減やめなさいよ！　だからわざわざ長野くんだりまで来たんじゃない！　過去は水に流す、自然の中でぼーっとして緊張を解《ほぐ》す、しっかり食べて、ぐっすり寝るっていう準備を経て今があるんでしょ！」

ああ、そうだ、そうだった、ネガティブ感情をニュートラルにまでもっていったばかりだったのに、また、ネガティブ感情に反応してアマビエにぶつけてしまった。

心地よい目標

「すでに目標を立てる心の準備は整っているんだから。すぐに人生を諦めないでちょうだいな！　いい？　そもそも自分に合った目標なら、そうなりたいと心底思えるから、ポジティブで心地いい感情が自然と出てくるものよ！

これまでは考え方が逆だったのよ。目標を立てること自体が無理ゲーなんじゃなく、立てている目標が無理ゲーなの」

またアマビエの男性更年期障害爆弾を炸裂させてしまった……。

「自分に合った目標ですか？」

「そうよ、これこそが、ネガティブな感情に引っ張られていた状態からニュートラルに戻したアンタが、ポジティブな感情を引き出すための次のステップよ」

マジか、そうきたか、そういうことだったのか。

〝好き〟は胡散臭い

「そもそも、世の中の価値観にどっぷり染まり過ぎなのよ、アンタは」

「世の中の価値観？」

「アンタが考えるやりたいことっていうのは、自分の内側からのものじゃなくて、これまで接してきた情報の洪水に刷り込まれてきたものばかりなのよ。苦手なこと、不向きなこと、やりたくもないことをやりたいって思い込んでしまっている可能性があるの！　だから、今のアンタから出てくるやりたいことって実はかなり怪しいのよ！」

アマビエの言っていることがサッパリ理解できないぞ。自分がやりたいと思っていることは、実はやりたいことではない？

「実はやりたいことって環境の影響を受けていることがほとんどなの。特に〝好きなこと〟っていうのが一番怪しいわね。そうね、例えばアンタ、コーヒー好きでしょ？ なんで？」

「昔から好きですよ！　香りもいいし、飲んでいるとリラックスできますし」

「それは見事に勘違いね！」

「えっ?!」

「アンタがコーヒー好きなのは、ママがコーヒー好きだからよ！　アンタにとってコーヒーの香りは小さいころのポジティブな感情と結びついているからなのね。もちろん逆のパターンもあるわよ、でも、ここでは話が複雑になるから一旦そっちは置いておくわね」

「う～ん、そう言われると、そんな気もします……」

忘れかけていた遠い記憶がゆっくりと蘇ってきた。それは、小学生のころ、土曜日に下校すると、家中に広がるコーヒーの香りだった。母親との楽しい時間を待ち望む気持ちが時空を超えてツヨシを包み込んだ。

「もちろん、それ自体は悪いことじゃないのよ。でも、やりたいことっていうのは、未来を創っていく内なる羅針盤なの。だから、アンタにとって必要なことは、経済的自立とか、FIRE といった『お金＝成功』的なものではなくて、もっと別のものじゃないかしら？」

「じゃあ、自分にとって必要な目標を設定するには、どう考えていけばいいんですか？」

「それはいい質問ね！　世の中の価値観にどっぷり染まり過ぎているアンタにピッタリなのは、やりたくないことから考える方法ね！　アンタが嫌だと思うことを全部リストアップするの！　そうすることで、アンタの本心がはじめて浮かび上がってくるわ。急がば回れ作戦よ」

やりたくないことリスト

「やりたくないこと……ですか？」

「たとえばアンタ、付き合うならどんな彼女が嫌なのよ？　これだけは絶対に譲れない条件を挙げてみなさいよ！」

「そんな急に言われても……なんだろ……」

人を好きになることはあっても嫌になった記憶があまりない。でも、付き合いが進んで、一緒の時間を共有して、生活を共にする中で、譲れない一線が出てくるのかもしれない。

「つべこべ言わずにとにかく、リストアップしなさいよ！　めっちゃワガママになってもいいから、まずは遠慮なくドンドン吐き出していくのよ」

さっきは目標を書き出すことに躊躇していた。アマビエのダメ出しに怯えていたからだ。でも、一度書き始めると、思いがけずスラスラと出てくるではないか。

「タバコを吸う彼女、いつも不機嫌な彼女、他の男性とご飯くらいなら浮気じゃないと思うからってノコノコ付いていってしまう彼女、部屋が汚い彼女、それとそれと……」

「あら！　めっちゃ出てくるじゃない！　いいわね、いいわね！」

アマビエが、意外にも褒めてくれている。調子が出て来たぞ。

「じゃあ、料理ができない彼女、空気が読めない彼女、自己中な彼女、子どもに優しくない彼女、食の好みが合わない彼女、笑いのツボが違う彼女、借金のある彼女です！」

なんだか、心の中がとても晴れやかになってきた。嫌なことを嫌だということは、こんなにも大事なことだったのか。きっと嫌われたくなくて溜めこんでいたんだな。

「嫌な彼女がわかったら、ここに列挙されなかった条件の人はすべて許容範囲ということになるわ！ストライクゾーン、めちゃ広がったでしょ！　この調子で続きをやってごらんなさい。終わったら次は付き合いたいタイプの女性の特徴を挙げてみるのよ」

さらに、30分かけて、付き合うのが無理そうな女性の特徴をリストアップし終えた。その次に、今度は、本当に付き合いたい理想の彼女の特徴をリストアップし始めた。

「料理が得意な彼女、思いやりのある彼女、笑顔が多い彼女、物事をポジティブに捉えられる彼女、人に優しくできる彼女、1人の時間を尊重してくれる彼女」

条件を整理してみると、求める女性像が次第にクリアになっていった。その瞬間、自分の内側にあたたかい気持ちが広がっていった。

自分を信じる力を育てる

アマビエが優しい眼差しを湛え、ゆっくりと口を開いた。

「もう1つ、紙に目標を書く重要な意味があるのよ」

「さっきは、目に見えない想いを目に見えるモノと合わせて、現実化するエネルギーを発動させるために、紙に目標を書いたんですよね」

「そうね！　今度は、顕在意識と潜在意識って話よ」

これも昔、本で読んだことがあるぞ。人間の意識には、顕在意識と潜在意識というものがあって、普段、認識しているのが顕在意識で、全体の3％くらいらしい。残りの97％は潜在意識といって、要は無意識のことを指すんだそうだ。で、その影響が大きくて、潜在意識をコントロールできれば、人生がうまくいくと本には書いてあった。

「それはつまり、紙に目標を書くことで、潜在意識に目標を刷り込めるからでしょうか？」

「ブー！　ハ・ズ・レ！！　アンタって、マジで本の受け売りの知識しか出てこないのね」

アマビエは、人を思いっきり小馬鹿にしたような表情をつくって言い放った。

「いや、だって合っているでしょうよ！　潜在意識について書かれた成功法則のベストセラーには、みんなそうやって書いているんだから」

話を振っておいて、したり顔をしているアマビエに
ちょっとムッとしていると、アマビエは静かに口を開いた。

「アンタ、潜在意識ちゃんに対してめちゃくちゃ失礼なことしているのわからない？」

「はい？　潜在意識ちゃん？」

「アンタの潜在意識ちゃんはね、紙になんて書かなくても、自分の目標くらいわかっているのよ」

「！　！　！」

紙に目標を書く本当の理由

言われてみれば、顕在意識と潜在意識がつながっているなら、わざわざ紙に書かなくても自分の目標くらいわかってそうなもんだ。刷り込むも刷り込まないもあったもんじゃない。むしろ、紙に書くのは顕在意識のためなのか？

と、考えをめぐらせてみた。

「紙に目標を書くのは、目標を達成した後で確認するた

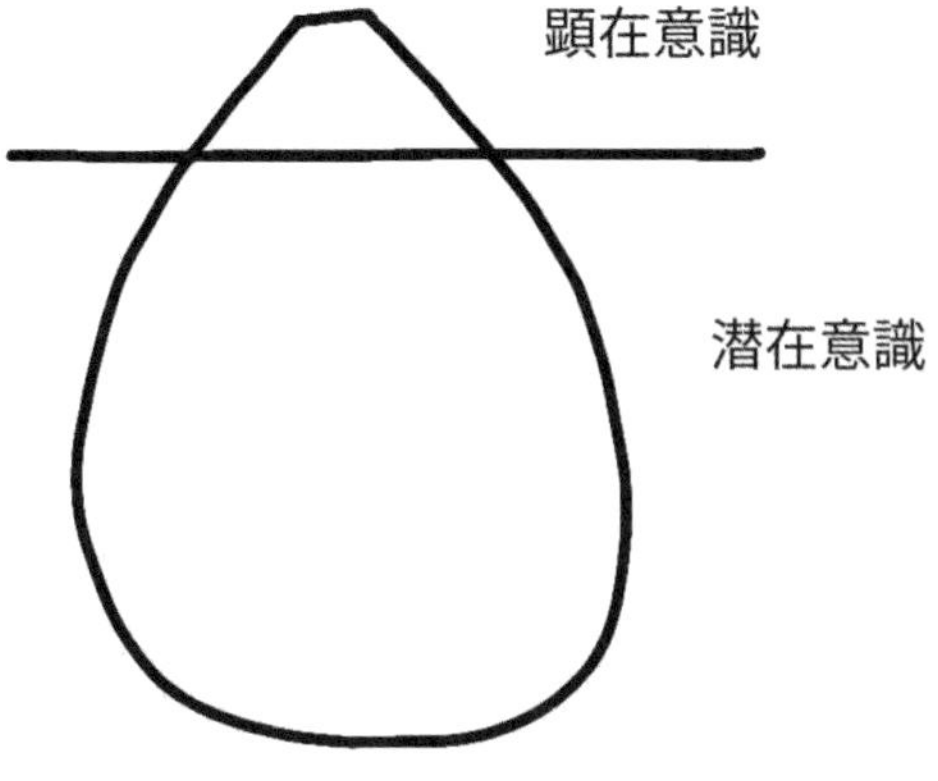

めよ！」

「目標を達成した後に……確認するため？」

「そう！　潜在意識ちゃんの絶妙な働きっぷりを自分で確認するために紙に書くのよ！　『潜在意識ちゃんって、めっちゃすごいわ！』って気づくために書くの。そしたら、自分をもっと好きになって自信がつくのよ。潜在意識ちゃんも自分だからね」

そうか、俺は自分自身のことが嫌いだったのか……。潜在意識を褒めたことなんて一度もなかった。

今まで自分の好きでもない目標を立てて、誰かに認めてもらうことで、自分を好きになりたかったんだ。自分を一番に褒めるべきなのは、他の誰でもなく自分自身であるべきなのに。

潜在意識ちゃんを抱きしめる

「自分のことが嫌いな人は、自分を幸せにしたいと思っている人のことを好きになれないの。

潜在意識ちゃんがイイ人を引き寄せたとするわよ。つまり、いいなって思う人との縁を無意識のうちにたぐり寄せたわけだけど。

その潜在意識ちゃんの選択を顕在意識くんが信じていないから、自分からそのチャンスをブロックして通さないのね。顕在意識くんは潜在意識ちゃんの門番だからね。

目標を達成した後は、その目標を達成した自分のことを『すげえぞ、よくやったな！』って潜在意識ちゃんを抱きしめてあげるのがとても大事なの！」

これまで、いいなって思って惹かれることはあっても、結局は恋愛したい、好きになってもらいたい、っていう手前で終わらせていたんだな。

むしろ、自分から離れるように仕向けていたのかも。だから色々と世話を焼いてくれているアマビエに対しても噛み付いてしまっていたんだな。

「大丈夫よ。過去に悩んだアンタも、一生懸命がんばったアンタも、色々とやらかしたアンタも、みんなステキな自分自身よ！　これからは、少しずつ自信を高めていきましょうね！」

「はい！」

ツヨシは自分でも驚くほどに素直に「はい！」と返事した。内心、その反応に戸惑いながらも、アマビエの教えに夢中になっていた。

はじめに言葉ありき

「それじゃあ、最後にあと1つだけ、ちょっと長くなっているけど、大丈夫？」

「はい、全然問題ないです！　お願いします！」

「じゃあ、〝言葉〟の大切さを教えておきましょうかね。アタシとアンタのこのやりとりも、今取り組んでいる目標設定も、全部、はじめに言葉ありきですからね」

「ヨハネによる福音書ですね！」

「あら、アンタにしてはめずらしくボケなかったわね！　ちょっとアタシおったまげたわ！　これまでのアンタはさ、暇さえあれば、愚痴ったり、絶望したりと、時間をそういうふうに使っていたでしょ？　過去のマイナス、ネガティブなことばかりを振り返っていたわよね？」

仕事や趣味に打ち込んでいるときは、そのことに集中できているから、そんなことを考える暇がないけど、暇になると、あーでもない、こーでもないと考えてしまったり、反射的に毒づいてしまうことも少なくなかったな。

「反省したり、振り返ることが悪いって言っているわけじゃないの。でも、どんな感情で、どんな言葉を使っているかが大事だっていうのは、今のアンタならわかるでしょ？」

「はい、自分のことながらめちゃくちゃヤバかったですね……」

「アンタみたいな根が真面目で深刻に物事を考えるタイプは、注目したものが増大するっていう引き寄せの法則を忘れちゃダメ！　ネガティブな言葉は、ネガティブなものを増大させちゃうんだから」

「頭ではわかっているんですが、どうしてもネガティブなことに反応してしまうんですよ」

ネガティブ感情を止める言葉

「まずは、ネガティブなことに触れている時間を減らしていくの！　それを可能にするのが〝言葉〟

なの！」

　ますます情熱を込めて、アマビエは続けた。

「人間の脳は、イメージや感情より言葉や思考のほうが上位構造なの！　上位構造が下位構造を支配するからね。ネガティブっていうのは感情でしょ。だから、それを止めるには〝言葉〟が必要なのよ」

　今の今まで、特に深く考えることなく、イメージや感情のほうが、言葉や思考よりもずっと重要だと信じていたぞ……。でも、なんでだったんだ？

「アンタの言いたいこともわかるわよ。たしかに、イメージのほうが情報量は多いし、感情が持つ瞬間的なパワーっていうのも無視できないわ！　でも、感情って一時的なものじゃない？　ただ、思考には持続力があるの。怒りのピークは6秒、持続は2時間と言われるけど、怒りが続くのは、あいつが悪いとか、これさえなければとか「思考」で反芻《はんすう》しているからだわ。水に流すように、何も考えずにじっとしていれば、収まっていくのよ」

　ようやくアマビエの言っていることがわかってきたぞ。目標実現のスタートは、そもそも自分のポジティブな「感情」が原動力として必要で、そして、その「感情」を言葉で定着させるっていうロジックなのか。

「だから、目標を設定したときのポジティブな感情を定着させるために、紙に書くわけね！　セミナーとかに参加して、その場のノリで決意発表をするより、よっぽどパワフルよ！」

　言葉の力や重要性について、これまで深く考えたことってなかったな。きっと、成長する過程の中でいつのまにか読み書きできるようになっているもんだから「扱えている」って思い込んでいたのかもしれない。それどころか、感情のままに言葉を雑に扱ってきすぎたや。

言葉は幸せの青い鳥

「目標を書いたら肌身離さず持って、暇さえあればそれを読むのもいいわね！　優秀な経営者や営業職は、自分の手帳に座右の銘や目標を書いているっていうけど、それもこの目標設定と同じロジックね」

「やっぱり、そういう結果を出している優秀な人に直接会いにいくのって大事なんですかね」

「そりゃあ、ずっと憧れていたり、尊敬したりする人に何かのキッカケで会えるチャンスがあるなら、アンタの人生にとって貴重な体験になると思うわ！　でも、ただ単に凄いと言われる人に会っても、影響は一時的よ。もし、四六時中一緒にいられるなら別だけど」

「そうですよね。単に野次馬根性で物見遊山に出かけたところで、スマホの写真が何枚か増えるくらいですもんね」

「だから、アンタから離れずにいつも寄り添ってくれている存在を大切にしなきゃいけないのよ！　一般論でいえば、恋人や家族になるけど、今のアンタにはどちらも側にはいないから、自分のポジティブ感情を宿す目標を書いた紙だったり、潜在意識ちゃんだったり、言葉だったりするわけ！

これらは、落ち込んだときに自信を呼び覚ましてくれたり、嫌な感情に襲われたりしたときに自分を支えてくれるアンタの大事な存在なのよ」

励ましているつもりなんだろうけど、しれっと、ボッチというドぎついネタをぶちこんでくるな。

自分への愛を繰り返し意識する

「アンタさ、空気がないと生きていけないでしょ？　でも、空気のありがたみを感じるときなんて、溺れかけたときか、せいぜい森林浴に行ったときくらいじゃない。そうじゃなくて、今、自分のそばにある大切で価値あるものを繰り返し意識するのよ。そうすることで、自分は守られている、愛されているとわかってくるわ。だから安心のうちに頑張ろうって自然と思えるってわけよ。

逆に、不安にかられて頑張っていたのが前のアンタね。それが、どれほどの違いだったかは、あえて言わなくてもわかるでしょ」

言葉ってそんなに大事だったんだな。自分に自信がなくて、そんな自分が嫌いで。愛されたくて、不安にかられて、自分の気持ちも相手の気持ちも踏みにじって、噛み付いて……、はあ、マジで独りよがりだったな。

「言葉ってのはアタシたちにとって、幸せの青い鳥なのよ！　最近クビになったけど……」

たしかに、見ず知らずの人にかけられた「おはようございます」の一言で気持ちが晴れやかになることがあるし、何気なく目にした偉人の名言で励まされることもある。言葉の力って計り知れない。

言葉にするもう1つの理由

「それに、〝言葉〟って能動的だからね！」

「能動的？」

「能動、受動の能動よ！」

「どういうことですか？」

「画像とかイメージって、見た瞬間に右側の脳が処理を始めてしまうのよ！　右側の脳は受動的なことが得意なの！　動画ばかり見ていると、自然と受け身になってしまうの。自分の態度が受け身だと何も変わっていけないのよ！」

画像とか動画ってあまり面白くなくても、ただただ眺めていられて、あっという間に時間だけが過ぎてゆく……たしかにそれじゃあ何も変わらないかもしれない。

「アタシたちが読書をしたり、短くても文章を読んだりするためには、意識を使って能動的に追いかけることが必要なのよ。読書は、積極的に働かざるを得ない行為なの！　デジタルと画像や動画が主流の世の中で、あえて〝紙〟と〝言葉〟を使うのは、そういう理由からなのよ！」

アマビエの目標実現のロジック、すごいな。紙＝神とか、最初はダジャレかと思ったけど……。

「あぁぁぁっ！　やってもうたぁ！」

アマビエがこの世の終わりのような勢いで大声で叫んだ。

「ど、ど、どうしたんですか？」

「アタシ、完全にやらかしたわ。今回のコロナ禍ではＳＮＳでアタシを描いた絵をシェアさせて、コロナ感染の早期終息の役目を担っていたのは知っているわよね。で、自撮り写真じゃなくて、紙に描かせたまではよかったんだけど、あまりにもよく描けていたから『めちゃくちゃ素敵じゃない！』って言って、肝心の『新型コロナ感染終息』って言葉が抜けとったわ……マジで草」

おいおい、一番肝心な〝言葉〟が抜けていたってことだよな……。

「まっ、たまにはそういうこともあるわね……」と口にはするものの、実際にかなり凹んでいたので、アマビエを元気づけるため、手早くアマビエの姿を紙に描き、その横に大書きで「かわいいね」と書いて見せた。

チラッとその絵を見るアマビエ。

「この絵、今日という日の記念に貰っていいかしら？」

さっきまでの凹んだ表情がまるで嘘のように、アマビエの顔に生気が戻ってきた。

10年後の自分の未来

「最終目標は、とにかく人生で一番やりたいことをちゃんと見つけることね。人生ってのは、生理的欲求を満たすために時間を費やすものじゃないの！」

人生で一番やりたいことって、一体何だろう……。今まで、ただ目の前にある課題を解決しながら、毎日をただ過ごしてきたような気がする。

「プラトンくんも言っているように『一番大切なことは単に生きることそのものではなくて、善く生きることである』よ。善く生きるには目標が必要なのよ」

……「善く生きる」なんて考えたこともなかったな。

「これを見つけた瞬間から人生はひっくり返るわよ。人生の意味が変わってくるんだから」

「そんなにですか？」

「まずは、10年後の自分の未来を想像してみなさい！」

うーん。10年後だと48歳か。今の仕事を続けているのだろうか……。誰とどこで、何をしているのだろうか……。

「10年後に、どこに住んでいて、どんな仕事をしていて、どんな状況の中で生きていたいかを考えるの。自分の〝あこがれ〟を書くのよ」

「わかりました。ちょっと書いてみます」

「本当にそうなるかはわからないわよ。未来だからね。5年も経てば、また違うことを考えるかもしれないし、状況も変わっているだろうしね。でも、今の時点で10年後を想像できていないと、今と何も変わらない未来しかないわよ～、あ、恐ろしい～」

急に、アマビエは懐中電灯を取り出し、自分の顔に近づけ、ライトで下から照らした。

「怖っ！」

そういえば、辺りもだいぶ暗くなってきている。

「毎日 毎日、ネガティブな出来事やニュースばかりが飛び込んでくるからね。そういう情報に無自覚にさらされていると、気持ちも落ち込んできて、いつのまにか不安をベースに物事を考えるようになっちゃうのよ。だから徐々に、積極的で能動的な自分にチューニングしていくことを、歯磨きのような『習慣』にする必要があるの」

ツヨシは考え込みながら、アマビエの言葉に耳を傾けていた。人生において一番やりたいことを見つける重要性が心に響き始めていた。これまでの単調な毎日から抜け出し、人生に真の意味を与えるためには、自らの目標を積極的に掲げることが肝心なんだ。

ますます鮮明になる「あこがれ」の姿。住みたい場所、夢中になれる職業、そして自身を取り巻く理想的な環境を文字で書くことは、未来に向けて明確な道標を立て、自分の人生に勇気と自信を与えてくれるものなんだと思えてきた。

「アンタ、とてもイイ顔になってきたわね。ここからは、アタシがいないほうが捗るでしょうから、白樺の森を散策してくるわね」

アマビエが気を遣って1人にしてくれた。

ツヨシは目標を一文字ずつ丁寧に紙に書いていった。その行為は、内に秘めた思いや夢を文字として現実化する小さな営みだったが、確実に変わり始めている手応えを感じていた。

最後の一文字を書き終えたツヨシは、スマホで写真を撮り、自分の目標を待ち受け画面に設定した。

アマビエは紙に書かないと意味がないと言っていたが、スマホの画面を開くたびに、自分の夢が文字として飛び込んでくるようにした。ただの文字列のはずなのに、それを見つめると、将来の自分が笑顔で充実した生活を送っている様子が思い浮かぶ。

「これでよし！」

じんわりと充足感に浸っていると、向こうからアマビエが歩いてきた。

「お、でき上がったようね。じゃあ、東京に帰りましょ！」

「えっ、もう？」

この場所に足を運んだ初日、帰りたいという思いがあまりにも強かった。でも、今ではその感情は嘘のように遠くに感じられ、帰りたくないと心から思っている自分がいた。自然に囲まれ、何もかもが静寂の中に包まれたこの場所で、人生の意味が一変するなど、考えもしなかったことだった。

心の旅路

最終日は、アマビエに夜中に叩き起こされて、日の出前にペンションを出発した。どうしても上高地に行ってみたいらしい。レンタカーでさわんど駐車場まで行き、乗合バスで上高地に向かった。ここは、かつて神降地（神が降り立つ地）とも呼ばれ、高くそびえる岩山が容易に人々を寄せつけない場所だったそうだ。現在ではハイキングコースが整備されており、スニーカーでも気軽に歩けることが魅力だ。

大正池バス停に降り立つ。大正4年に焼岳が大噴火して泥流が梓川をせき止め、一夜にして生まれた湖だ。透き通った水面が映し出す焼岳は言葉にならない。アマビエも感動していつもよりも口数が少ない。そこから2時間かけて河童橋に到着。朝一番で来たので観光客はまばらで、ただただ川のせせらぎが心地よい。木々の間を散策中、どの瞬間を切り取っても絶景なのだが、ここから遥かに望む北アルプスにはまた一段と心が洗われる。穂高神社奥宮で旅の安全を祈り、上高地バスターミナルから帰路に向かった。あとは野麦峠でとうじそばを食べて帰るだけだ。

あずさの車内で、心地よい揺れに誘われていると、ツヨシの瞼は重くなり、眠りが忍びよってきた。以前は身体の緊張が強く、家以外ではほとんど眠れなかったが、今は自然と身体の力を抜くことができるようになっていた。

「さて……、そろそろ報告しないといけないわね」

ツヨシが眠りについたのを確認すると、アマビエは車内のトイレに向かい、戸を閉めた。

ふとツヨシが眠りから覚めたとき、車内は静まり返っており、隣にいたはずのアマビエの姿が見えないことに気がついた。

「どこに行ったんだろう?」と不安がよぎったが、東京に向かう列車から見える景色は、青々とした山々と広々とした青空のコントラストがとても美しかった。行きはそんなこと、まったく思わなかったのになと考えているうちに、再び眠りに落ちてしまった。

コラム／男性更年期障害について

現代社会において、男性の生涯には数多くの転機が存在します。その1つが、男性更年期障害です。これは、テストステロンの減少と密接な関係があります。テストステロンは男性ホルモンとして知られ、私たちの体と心に様々な影響を及ぼしています。テストステロンの減少は、意欲の低下や体力の減少、情緒不安定になり意味もなく怒りっぽくなるなど人間関係の悪化を引き起こすことがあります。

テストステロンは、バイタリティの源です。私たちが冒険をするとき、新しいことにチャレンジするとき、仲間と絆を深めるときに高まります。簡単に言えば、狩猟の時代から伝わる本能的な欲求が、テストステロンの上昇と結びついています。現代では冒険、挑戦、社会貢献、競争心などで上昇します。

ビタミンDや亜鉛の摂取は、テストステロンを増やすための重要な栄養です。実はビタミンDは米国で最も売れているサプリメントの1つです。日常生活では適度な日光浴、食事では特に鮭の切り身がいいです。亜鉛は精子をつくるために必要で、貝類に多く含まれています。

漢方医学では「腎虚」と呼ばれる状態で次のものが役立つでしょう。

・補中益気湯（ツムラ41番）：胃腸の虚弱
・十全大補湯（ツムラ48番）：気力も体力も弱っている人、全身の疲労感、冷え症
・八味地黄丸（ツムラ7番）：体の冷えを伴う、夜間頻尿や尿もれ、残尿感、性機能の衰え
・柴胡加竜骨牡蛎湯（ツムラ12番）：比較的年齢が若く、ストレスを強く感じている

第3章　身体を温めモテツボを押せ

人は見た目がすべて?!

信州でゆっくり休んだおかげで、帰ってきてからの日々は充実していた。ちゃんと休むと、こんなにも心と身体の調子がよくなるのだとはじめて実感した。一方、当のアマビエといえば、いつものように俺の古いスマホをいじって、推しのグッズを物色していた。

最近、家に届いたのは、サブスク会員限定のTシャツだったかな……。それを着て、ヱビスビールを飲むのが至福の時らしい。そらそうだろうよ、人の金で買ってるんだから！

とはいえ、人生が変わり始めているのを感じるし、本当はもっとアマビエに感謝しなきゃいけないんだろうな。

「ところで、アマビエに見せたいものがあります！」

ツヨシは自分のスマホの待ち受け画面を見せた。

昨日、100個の目標を書いた紙をスマホで撮って、待ち受け画面にしていたのだ。

「おお、いいじゃない！　アンタ、しっかりと目標を持っているじゃない！」

「自分の未来をイメージして、具体的な目標を立てたら、ちょくちょく見たくなっちゃって。紙じゃないですけど、スマホの待ち受け画面を使おうと思ったんです！」

「なるほどね！　それだと目標に向かう気持ちもアガるし、持続するわ。アンタ天才なの？」

そんなやりとりで盛り上がっていると、ふと時計に目をやったアマビエは「アラ、もうこんな時間」とつぶやいて慌てて荷物をまとめ始めた。どうしたの?と訊ねると、誰かと約束があるらしい。「日本の各地にアタシのことを待っている人たちがいるのよ。ちょっと行ってくるけど、寂しがらないでね♡」と、言い残して出かけていった。

相変わらず自由な妖怪だな。事前に予定くらい教えておいてくれてもいいのに。

マッチングアプリ再開

でも、これでようやく「彼女をつくる」という自分の目標に集中できると思っていた。アマビエがいると、なんだかんだで視線が気になってマッチングアプリを使えないでいたからだ。アマビエが戻ってくるまでに、理想の彼女をゲットして驚かせてやろう。

これまで自分の願望と向き合ってきた結果、ツヨシの心には付き合いたい女性像の明確なイメージが焼き付いていた。「自分の願望に妥協するクセが染み付いているから、本心から望むものがやってきても、手を伸ばせずにチャンスを逃してしまうんだ」。どこかで聞いたそんな言葉が何度も浮かんでは消えていく。

自分の願望に素直になったツヨシが求めた条件は、ズバリ「ビジュアル」だった。

外見がすべてではないというけど、外見だって内面の価値観のあらわれのはずだ。好みの外見で選ぶ方が望ましいのは当然だろう。アマビエ流に言えば、これも立派な「ロジック」のはずだ。ツヨシは自分好みの美しい女性との楽しいデートに想像を膨らませていた。

美しい女性というのは、性格もいい可能性が高いとツヨシは考えた。「金持ち喧嘩せず」と言うように、金持ちは心の余裕と損得勘定があるから無駄な争いはしない。それはきっと美人も同じはずだ。何事にもスマートな振る舞いを好むだろうし、言い争いやケンカなんて無駄だと考えるはずだ。それに、そんな理想の女性と付き合えるのなら、ちょっとした欠点ぐらい、気になるはずもない。

つまり「美しさ」は、それだけで理想の彼女のすべての要素を満たしているのだ。女子社員たちが付き合いたい男子の条件の最後に「ただしイケメンに限る」というのを耳障りに感じていたけど、アレはこういうロジックからだったのかと、大きな気づきを得て、ひとまわり成長した気分になった。

早速、マッチングアプリで実践したくてたまらないツヨシは、仕事を適当に切り上げて、帰宅してからアプリで気になる女性を片っ端からチェックしていた。プロフィールの情報を収集しながら、どうすれば彼女たちとマッチングできるのかを考え続けた。それからというもの、一日の多くの時間をマッチングアプリの攻略に費やす日々が続いた。

もちろん、そういう女性は競争相手も多いため、なかなかマッチングには至らない。まずは写真が大事、と上高地でアマビエに撮ってもらったものにした。リラックスした表情がとてもいいと褒められていたからだ。プロフィールでは、真剣な出会いを求めていることも書いた。そんな試行錯誤を繰り返しながら、2週間後、ついに黒髪のロングが印象的な「カレン」という女性とのやり取りが始まり、待ち合わせの約束を取り付けた。待ち合わせは、もちろんアマビエ像の前だ。

デート再び

待ちに待った対面の瞬間はスローモーションのようだった。

それほど実際のカレンさんの美しさは衝撃的だった。

マッチングアプリでプロフィール写真を見たとき、「こんな人も登録しているんだ」と、信じられない気持ちだったが、カレンさんとアマビエ像の前で目があった途端、全身に緊張が走り、その場に立ちすくんでしまうほどだった。明らかに挙動のおかしいツヨシに対して、優しく微笑んでからカレンさんは話かけてきた。

「あの、斉藤さん……ですか？」

カレンさんはツヨシより、やや年上ではあったものの、年齢差など気にならないほど魅力的だった。遠目からみても、周りの男性の視線を集めているのがハッキリわかるほどだ。彼女が近づいてきた瞬間、心臓が一段と高鳴り、手が震える始めた。そんな身体の反応を必死に抑え、声を振り絞るようにして答えた。

「カレンさんですか？」

彼女は恥ずかしそうに頷いたが、目はしっかりとこちらを見ていた。

予約した店へ向かう道すがら、彼女は周囲の若者とは明らかに違うオーラを放っていた。ビジュアルもあるのだろうが、特に印象的だったのは、品を漂わせながらも、自信に満ちた歩き方だった。

渋谷はいつものように喧騒に包まれていたが、今日は苦手な人混みも気にならなかった。というのも、正直、何を喋ったらいいのかわからず、適当に相槌を打っている間に店に着いてしまったからだ。

こんなにも素敵な女性と一緒に過ごせることに感謝し、初対面のデートを成功させ、次につなげるぞと決意したツヨシであった。

ツヨシの目は節穴だった

しかし、デートが進むにつれて、思ってもみないような発言が次々と飛び出し、その度に、膨らんでいた期待が急速にしぼんでいく自分に気がついてしまった。

実際に話してみると、カレンさんの話題は「この前、有名なお寿司やさんに連れていってもらった」とか「親族揃って1週間のクルーズに行ってきた」など、アレが美味しかった、コレが楽しかったという話題ばかりで、目の前のツヨシのことは何一つ聞いてこない。

正直、ちょっと住んでいる世界が違う感じがしたが、根気強く話しを聞いていると、仕事の話題に移っていった。

ただ、案の定、こちらも「私の体調を気遣ってくれない」とか「自分でできる仕事を押し付けてくる上司がいる」とか「新入社員の社会常識がなっていない」といった、自己中心的な発言が目立った。ツヨシは以前のデートの失敗を踏まえ、今回は相手の話を傾聴しようと心に決めていたので、一通り話を聞き終わってから相槌を打ってみたものの、そのたびに「あなたは何もわかっていない」と一蹴され、自分の話に戻っていく。

話題を変えようと、ツヨシは自分の趣味や信州での森林浴などの話題を持ち出してみたが、興味なさそうな態度で冷淡にあしらわれてしまった。

次から次に「どこそこに旅行に行きたい」とか「海外の誰それのコンサートに行きたい」といった遊びの話題が出てくる。そういったことが好きなのはわかったが、観光名所の知識やデートの経験に乏しいツヨシは話題についていけず、完全に置いてきぼりにされていた。

実は、デートの冒頭、カレンさんのほうから「結婚を前提にして付き合って欲しい」と言ってきた。こんな美人と付き合えるのかと、ツヨシの心は驚きと興奮で高鳴ったが、あまりにも唐突だったので、反射的に答えを濁してしまっていたのだった。

最初こそ、カレンさんの外見と中身のギャップに戸惑ったものの、段々とこれらの話題や態度は、彼女の焦りの裏返しのような気もしてきた。しかし、あまりに他人を見下すような発言を繰り返すので、ツヨシはその姿勢に心底がっかりしてしまった。

彼女は人を批判することで、自分がその人より優れているということを言いたいのだろうが、口先で批判することと、うまくできなかったとしても行動することの間には天と地ほどの開きがある。きっと、彼女は小さいころはソツなく色んなことができたのだろう。ただ、それにしても過去の成功体験にこだわり過ぎているようにも見えた。

さらには、お金のことを何度も愚痴っていた。もはや口癖になっていて自覚がないのかもしれないが「自由に使えるお金がもっと欲しい」と繰り返し口にしていた。昔は、洋服代でも旅行代でも、親に言えば何でも出してもらえていたのだという。

親御さんからしたら、社会勉強だと思って出してくれていたんだろうな。

デート中の料理のオーダーにも問題があると思った。カレンさんは次々に料理を頼むのだが、ひとくちかふたくち箸をつけただけで「私、もういらないわ」というあからさまな態度を隠そうともしなかった。結局、ツヨシにすべて奢らせ「ちょっと頼みすぎちゃったわね」の一言もなく、「もうちょっと美味しいお店がよかったな」とまで言ってきた。

期待が大きかった分、ツヨシは今回の一件で打ちのめされてしまった。

返ってきたブーメラン

カレンさんとのデートの翌日、ちょうどアマビエが帰ってきた。

ソロキャンプ動画を見て、どうしてもカレーを食べたくなったらしく、朝からカレーをつくらされている。ツヨシはジャガイモを切りながら、アマビエに昨日のデートの顛末を報告した。

「アンタが以前、リエちゃんに取った態度と同じじゃない、ソレ。自分の得意な話題に終始して、好き勝手振る舞ったのがブーメランで返ってきただけね。めっちゃウケる」

やっぱりそうか。嫌な気分になりながらも、憎みきれないところがあったのは、かつての自分に似ていたからなんだろう。薄々そんな気はしていたけど、立場が逆になってみないとわからないもんだよな。

「まあでも、相手からしたら、何の悪気もないかもしれないし、人によってはカレンさんの態度はデートを楽しもうとしたとしか映らないわよ。ただ単にアンタと合わなかったってだけね。甲斐性なしとまでは言わないけど、育ってきた環境は人の数だけ違うから、アンタの物差しで勝手に決めつけているだけかもしれないってことも忘れちゃダメよ」

アマビエを見ると、何か言いたげな表情をしていたので、どうぞと目で合図した。

「ねっ！　リエちゃんのＬＩＮＥ既読にならなかったの、今なら痛いほどわかるでしょ？」

たしかに、その通りだ。実際、カレンさんからのＬＩＮＥに既読すら付けてない自分がいる。俺もリエちゃんからあんな風に映っていたのか……。

マッチングアプリ禁止

「で、いつまでマッチングアプリという『逃げの場』で試行錯誤するつもりなの？」

げっ！　やっぱりそうか。そうだような、アマビエには全てお見通しってわけか。

「はぁ……」

無意識にうつむいてニンジンを切りながらため息をついていた。

「でも、カレンちゃんとの出会いから自分を見つめ直すなんて。間違いなく成長しているじゃない！」

「ありがとうございます……（そう言われても余計凹むわ！）」

「美人は人生イージーモードとかいうけど、そんなことないわね。だって、アンタみたいなのが群がってくるんだもの。それもまた、彼女たちの宿題なのかしら……」

何やら独り言をつぶやいていたアマビエが急にこっちに向き直って口を開いた。

「しばらくマッチングアプリ禁止ね！　今のアンタじゃイイ子と出会える確率は、鳩が豆鉄砲を食らう可能性より低いわ。下手な考え休むに似たりっていうでしょ。どうせ『美人だったら何でも許せる』とかいって、片っ端から顔で選んだんじゃない？　アンタにはまだアタシの特別レッスンが必要なようね」

鳩に豆鉄砲って……なんか使い方が違う気がするけど……、図星なのが悔しい。

アマビエの誘い

「あっ！　そういえば、今度、アンタを連れて行きたいと思っていた場所があるのよ！」

アマビエの提案が唐突なのはいつものことだが、今回は、なんだか嫌な予感がする。

「どこですか？」

「それは、行ってからの、オ・タ・ノ・シ・ミ♡」

しつこく食い下がって行き先を聞いてみたものの、アマビエは決して教えてくれない。

「夜7時に新宿駅東口で待ち合わせよ。いつもの渋谷じゃないからね！　新宿よ！」

と待ち合わせ場所を繰り返すだけだった。

新宿で待ち合わせ

仕事を定時で切り上げ、新宿に向かう。アルタ前の広場に出ると、満面の笑顔を浮かべたアマビエが、こっちに向かって大きく手を振っていた。

アマビエは合流するやいなや、大きな目をキラキラさせて喜んでいた。

「見てよ！　この状況！」

アマビエは興奮した口調で、人混みのほうを指差した。

「えっ？」

「えっ？　じゃないわよ！　アタシいいこと思いついちゃったね。像界《スタチュー》にフリーエージェント制があったら、アタシ、新宿駅に移籍しようかしら」

「アタシの本拠地の渋谷駅は『ハチ公さん』と『モヤイ様』のツートップが君臨しているでしょ？池袋駅には『いけふくろうさん』がいるし。だから、新宿駅なら像界《スタチュー》界の4番を打てるかもしれないじゃない！」

新宿駅だったら、すぐに新しい待ち合わせ場所になって、目立てると言いたいらしい。

意外とそれもアリかもしれないけど、待ち合わせでは「アルタ前ね」って言うから、今更「アマビエ前で」を浸透させるのは難しいのでは？　とツッコミを入れそうになった。

それはともかく、今日の目的を忘れてもらっては困る。ツヨシは強引に話を戻すことにした。

「ところで、今日はどこに行くんですか？」

ああ、そうだったわねと、はしゃいで乱れた服を整えながら、アマビエが口を開く。

「今日は、アタシがプロデュースしているお風呂に行くわよ！」

「えっ、お風呂のプロデュースをしているんですか？」

「そうよ！　じゃ、行きましょうか」

そう言って、さっさと行ってしまうアマビエ。

アマビエの姿を見失わないように、新宿の人混みをかき分けて必死で後を追いかける。

なんでお風呂なんかに行くんだろう。そんな疑問がツヨシの頭に浮かび始めた瞬間、信号待ちをしていたアマビエに追いついた。

「もうすぐ着くわよ！」

ツヨシの恥ずかしい勘違い

「えっ？」

まさか、あそこじゃないよな。

目の前に一際目立つギラギラした「深海魚」と書かれた看板のビルがそびえ立っていた。

お風呂って、オトナのお風呂？　心の準備なんかできてないぞ。落ち着け！　俺。深呼吸だ。

お恥ずかしい話、興味はもの凄くあったけど、結局一度も行ったことがなかった。20代のころ、行ってみたい衝動に駆られて、お店の前を素通りすること実に5、6回。それでも一歩踏み出す勇気を出すに至らず、入店を断念して帰ってきた過去が脳裏を駆け巡る。

アマビエの今回のレッスンは「一歩踏み出す勇気」の実践ってことなのだろうか。

煌《きら》びやかな入り口を前に、心臓は高鳴り、手に汗がにじむ。

「早く来なさいよ！」

えっ？　あれ？？？

アマビエは、とっくにお店の前を歩き去り、振り返って俺を待っている。

ここじゃなかったのか……。

アマビエが戻ってきて、僕の落胆した様子をすぐさま察知して、からかってきた。

「もしかしてアンタ、ここだと思ったの？　たしかに、ここもお風呂だしね！」

「そ、そ、ソウですよね。こ、こ、ココじゃないですよね……」

登り損ねた大人の階段を見つめながら、ここではないとわかったにも関わらず、まだソワソワ感が抜けず、全身の毛穴から汗が噴き出てきている。穴があったら入りたいとはまさにこのことだ。

「やっぱ、モテないわよアンタ。何もしてないのに、なんでそんなにソワソワして汗ダラダラなのよ？これがデートだったら、一発でアウトよ！」

「……」

自己嫌悪に陥っているツヨシに追い打ちをかけるようにアマビエが言葉を続ける。

「早く目的のお風呂に行くわよ！　このむっつりスケベ！　アンタ、まさかデートのときも下心全開で鼻の下伸ばしているんじゃないでしょうね。だとしたら、マジで、キモいわよ！」

お風呂に到着

アマビエに連れてこられたのは、24時間営業の温浴施設だった。新宿の繁華街のど真ん中にあるのも意外だったが、めちゃくちゃ賑わっていることにもっと驚いた。アマビエが慣れた手つきで受付を済ませ、タオルと館内着が入ったバッグのセットをもらってきた。

脱衣所を出て、浴場に向かうと、大きな窓の外に白濁した露天風呂が広がっていた。

「早く、露天風呂に行きましょっ！」

浴場入り口のかけ湯のエリアを過ぎると、自然とテンションがあがってくる。広い空間の高い天井に湯気が立ち上り、ピチャンというお湯の音と、カコンというプラスチックの桶の音が反響する。直前まで繁華街の喧騒の中にいたのが嘘みたいに、まるで神社のような厳かな雰囲気さえ漂っている。アマビエのディスりでざわついていたツヨシの気持ちも、いつの間にかおさまっていた。

「まずは、身体を清めないとね！」

アマビエと２人で並んで、いそいそと身体を洗う。

「アンタは、あのお店で女の子に背中を流してもらいたかったでしょうけど、隣がオネエのおっさんで、エロうすんまへんなぁ～」

せっかく忘れかけていたのに、嫌味たらしく絡んでくるアマビエ。

水に流す

前に教えてもらった〝過去を水に流す〟の話を思い出して、イラ立つ感情をなんとか鎮めようと試みた。すると、不思議なことに、アマビエはそれ以上いじってこなかった。

ひと通り洗い終わったところで「さぁ、露天風呂でお清めの仕上げをしましょっ！　水が持つお祓いの力を使ってね！」と促してきた。

僕もさっきから気になって仕方がなかったので「押忍っ！」と二つ返事で応える。

2人は肩を並べて、ここの名物だという露天風呂に身を委ねると、お湯からピリピリとした感じが伝わってきた。

温泉の特徴と効能が書かれた看板に目をやると、この温泉は毎日、遠く中伊豆から運ばれてきていると明記されていた。

溺れた？　アマビエ

「え？」と驚きの声がツヨシから漏れた。ちょっと目を離した隙に、アマビエが隣で溺れかけていたのだ。どうもバランスを崩したらしい。アマビエを抱え上げようと手を伸ばす。

「大丈夫よ！」

「具合でも悪いんですか？　身体に力が入ってないじゃないですか！」

「これ、アタシの個性なの！　アタシ、コーガ石でできてるからね！」

「溺れるのが個性？　それにコーガ石って？　石の種類か何かですか？」

「アンタだから言っちゃうけど、実はアタシって、モノに精霊のエネルギーが宿った「物神《フェティッシュ》」なのよ！　ウチの上位にあたる存在がアマビエのエネルギーをコーガ石に注入してくれたのよ。だから、アタシの本体は、もともとは石なの！　まぁ、見た目は能力でいくらでも可愛くできるけどね♡」

ん？　上位の存在？　それって創造主か何かなのか？　だったらせめてもっとマトモなキャラ設定ってのがあっただろうに。なんで、よりによってオネエのおっさんなんだろ。

「コーガ石って溶岩だから、見た目のゴツさのわりに、質量はめっちゃ小さいの！　しかも、ガラス質だから１０００度の高熱にも耐えられるのよ！　すごいでしょ！」

なんだかよくわからない自慢をしてくるけど、ずーっと溺れそうにバタバタしている。

「あの～……シンドイなら、つかまりますか？」

ツヨシはあらためてアマビエに手を差し伸べた。

「あら！　ありがとう♡　アナタ、人のニーズをわかっているじゃない。モテの第一歩は完璧よ」

気づいたら、おっさん2人が手を繋いで温泉に浸かっている状況にツヨシは気恥ずかしくなったが、アマビエはさっきよりもいっそう強い力で握り返してきた。

「大丈夫よ！　ここは新宿だから！　ＬＧＢＴにめっちゃくちゃ寛容なシティだから！　アタシがプロデュースの話を受けたのも、この新宿の風土が大好きだからなわけ」

傍目には異様な状況のはずなのに、周囲は何も気にしている様子はない。

「どっこらしょ！　それにしても露天風呂ってめちゃくちゃ気持ちいいわ。しかも天然温泉の成分が身体を芯から温めてくれるから、めぐりがよくなって、溜まっているものが流れていくわ」

態度からオネエっぽさがすっかり消え失せ、完全におっさんになっているアマビエ。

「ほんと、気持ちいいですね」

頭上を仰げば夜空が広がり、心地よい風が吹き抜けていく。身体を包むお湯とのコントラストがたまらない、アマビエといえば、完全に湯面に浮かびながら夜空を見上げている。

水は感情をのせやすい媒体

「やっぱりジャパニーズはいいわよね！　みんな運命共同体なんだから！」

「えっ？　いきなり、何ですか？」

「ジャパニーズはみんなでお風呂を共有する文化があるでしょ？　水って、前も言ったけど、人の感情やエネルギーを転写するのに最適な媒体なの」

「と、言いますと……？」

「ジャパニーズは、感情のエネルギーを共有しあう文化ってこと。つまり、〝1人の問題はみんなの問題〟ってことよ。だから、こんなにたくさんのお客さんがいても、誰一人として無責任に行動している人がいないでしょ。この浴場に入った途端に、厳《おごそ》かな感覚につつまれたのは、水蒸気を媒介にして同じ気持ちになったからなのよ。もちろん酔っ払いは例外よ。ま、酒飲んでお風呂なんか入ったら、命の危険があるからお風呂プロデューサーのアタシとしては絶対NGなんだけどね」

「たしかに、みんな、行儀いいですよね」

サウナにGO！

「じゃ、身体も温まったところで、サウナに行きましょっ！」

サウナの中でも、2人は並んで汗を流した。普段から行き慣れているので頑張ってはみたものの、今日は10分が限界で、先に出てアマビエを待つことにした。

しばらくしてようやくサウナから出てきたと思ったら水風呂に直行していった。肩まで浸かろうともがいていたが、どうも浮いてしまうらしい。さすがに諦めたのか、水風呂の縁に腰掛け、足だけでも冷やすことにしたようだ。

「サウナ、長かったですね！」

もがいていた姿を目撃したことは、触れないことにした。

「さっきも言ったけど、アタシ、コーガ石だからね！」

「あぁ！　熱にも強いんですよね！」

「そう！　アタシ！　暑さにもめっちゃ強いのよ！　だから人間の倍以上はサウナに入らないと、芯まで温まらないの。熱に強いけど軽いってことで、この温泉施設の外壁と天井は、全部コーガ石でできているのよ！」

「へー！　そうなんですね！」

最近のサウナブームに乗り、アマビエもサウナにはかなり力を入れたようだ。その努力の甲斐もあって、サウナは常に満員御礼。オートロウリュで適度な水蒸気が室内に満ち、室温は常に80度に保たれている。また、水風呂の温度は16度がいいらしい。アマビエによれば「サウナの主役は水風呂よ！」というくらい、水風呂に対する情熱がうかがえた。

サウナと水風呂を何往復かした後、露天エリアのベンチで外気浴を楽しんだ。血液が身体中を駆け巡り手足がジンジンと痺れる。全身がリラックスし、脳内に快感物質が放出され、まさにサウナトランス状態に入った。

これが巷で言われる「ととのったぁ！」というやつだ。

そこから２人でサウナ、水風呂、外気浴のセットを３セットほど繰り返して十分整ったので食事処に行くことにした。

モテツボへ至る道

「心身はリラックス、頭はスッキリね！」

「ほんと、生き返りました！」

最初のオーダーで頼んだポテトと唐揚げをつまみにヱビスの生ビールを飲んでいると、「さて、今からステップ・バイ・ステップで【モテツボ】を伝授するわよ！」と、唐突にレッスンがはじまった。

「今から？　ここでですか？　もうお酒入っちゃってますよ？」

アマビエはツヨシの反応を予測していたかのように、満足げな笑みを浮かべている。

「アタシが単に遊びに来たくてアンタを連れて来たわけないでしょ！　そうよ！　温泉とサウナはモテツボ伝授の大事な準備になっていたってわけ」

「そ、そうだったんですね！」

いじられまくったんで勘違いしていたけど、アマビエはカレンさんとのデートで撃沈した俺のことを気遣ってくれていたみたいだ。たしかにあの状態では何も耳に入らなかっただろうが、今はアマビエの言うことを何でも受け入れられるほどリラックスしている。

モテに必要な状態

「じゃあ、まず聞くけど、モテるために必要なことってなんだと思う？」

この問いにスラスラと答えられるなら、オネエのおっさんと温泉施設にはいないだろう。しかし、アマビエの真剣な口調から察するに、これからモテツボの伝授が本当に始まるのだと、身が引き締まる思いだった。

「モテるために、必要なことですか……、優しさとか思いやりとかですかね？」

あえて当たり障りのないところから攻めてみた。すると、意外な答えが返ってきた。

「優しさや思いやりがモテるための必要条件なら、アンタ、もうモテてるハズでしょ？　自分で気がついてないかもしれないけど、意外と優しいし、思いやりあるわよ！」

「そ、そ、そうですか?!」

いきなり褒められて、なんだか、よくわからない感じになった。

「先に答えを言ってしまうとね『身体が温かい』ってことなの！」

「身体が温かい？」

「そう！　身体が温かいとモテるようになるの！」

ツヨシには、身体が温かいこととモテがどう繋がるのかがさっぱりわからなかった。

温かさは健康のバロメーター

「間違いないわ！　体温が低いとモテる素質があっても決してモテないのよ！　健康なつがいを求めるのは動物の本能だもの。身体の温かさはそのバロメーターなの」

「動物としての本能！」

「そうよ、地位、財産、容姿、性格、価値観など、モテるために必要なことと言われて浮かぶことは色々あると思うけど、どれもすべて本能に訴えるからなの。でも、何より重要なのは健康かどうかってことね。だって、自分の遺伝子を受け継ぐ子を一緒に育てるためだったり、ずっと一緒に過ごすパートナーを探したりしているわけでしょ？　それって本能なのよ」

「イケメンが好きとか、若い子が好きっていうのを一歩踏み込んで考えると、そういうことになるわけか……」

「モテたい男が急に筋トレしだすのも、女子が温もりを求めるのも、本能的なものなのよ。筋肉は体温の源だからね♡　もちろん女子も温かいほうがモテるわよ。なにより、冷えていたら一緒にくっついて寝たいと思わないでしょ？」

そう言い終わるやいなや、突如、アマビエが真剣な表情になり、問いかけてきた。

「なんで、アタシがここをプロデュースしたか、アンタわかってる？」

なぜ、お風呂をプロデュースしたのか？　うーん、わかりそうでわからないな……。と唸っていると、アマビエの何かに火が着いたような勢いで言い放った。

「打倒、ハチ公よ！！！」

周りのお客さんがこっちを振り向くくらい大きな声でアマビエが叫んだ。

「ちょっちょっちょ！　アマビエさん！　声が大きすぎますって！　落ち着いてください！」

俺の言葉が耳に入らないようで、フガフガと鼻息が荒くなっていくアマビエ。

「ハチ公って、むちゃくちゃ人気あるでしょ？　だから、なんであんなに人気あるのか、調査したのよ！」

頼む、落ち着いてくれ！

「そしたら、ハチ公のやつ、銅像なの！！」

「はい？」

急に気が抜けてしまった。アマビエによる一種のジョークか？

「銅は熱伝導率がめっちゃ高いのよ！　体温、高いのよハチ公のやつ！　だから、晴れの日は、むちゃくちゃモテてるでしょ？　渋谷の改札の名前にもなってんのよ！　ハチ公口って！！」

なんだかよくわからないテンションに飲み込まれていくアマビエ。ツヨシは、とりあえず飲み物を飲ませて静かにさせる作戦に出ることにし、ビールとハイボールのおかわりを注文した。

「愛しのモヤイ様に勇気を出して告白したときに、『ハチ公の温もりが忘れられないんや、すまん』って……」

アマビエの大きな瞳からとめどなく涙が溢れてくる。

「アタシの主成分のコーガ石は、漢字で『抗火石』って書くの。めちゃくちゃ火に強いの。だから、つまり、先天的な冷え症だったわけ！　何よ！　モヤイ様だってコーガ石のくせにっ」

「そ、それは……、悲しいですね……、生まれつきハチ公さんに勝てない運命だったんですね……」

泣き崩れるアマビエにどうしてよいかわからず、とにかく必死に慰めようとするツヨシ。

「うっさいわ！　まだ勝てないと決まったわけじゃないでしょ！　だからお風呂とサウナをプロデュースしたんじゃない！　天然温泉に浸かって、サ活して、体温上げてんのよ！　ハチ公なんかにアタシが負けるわけないわ！」

アマビエは怒りながらも、力強く言い切った。その声には、情感がこもっていた。

「いつか、モヤイさんと一緒にサウナデートできるといいですね」

「アンタ、ロマンのあること言うじゃない！　そう！　これはアタシ自身の課題でもあるけど、身体が冷えている奴は間違いなくモテないわ！　手が冷たいなんて論外よ！」

そういえば、俺にも似たような経験があるぞ。可愛らしい女の子との3回目のデートで、手を繋ごうと思い切って手を伸ばしたら、びっくりするほど冷たくて、恋のテンションまで一気に冷めてしまったことがあったっけ。アマビエの言っていることも、なんとなく正しいのかもしれない。

「アンタ、その可愛らしい女の子って、恋愛ゲームか何かの話？」

人の心を勝手に読み取っていじってくるのは流石に勘弁して欲しい。だから、おっさんはモラハラ気質で嫌なんだよ！

「冗談よ！　そうキーキーしないでよ！」

「たかが体温、されど体温ね！　身体が温かいほうが間違いなくモテるわ！！」

空になったビールのジョッキをテーブルに叩きつけながら、熱弁を振るうアマビエの顔は真剣そのもので、いつの間にか周囲の人たちもその話に引き込まれているようだった。

冷えのチェック法

「でも、体温って自分ではわかりにくいですよね。自分は大丈夫だと思っていても、冷えている場合もあるんでしょうか？」

「あるわよ！　手が温かくても内臓が冷え切っている人もいるわ！　まぁ、手が冷たい人は、まずそこからだけどね！」

「手が温かくて、内臓が冷えている人ってどんな人ですか？　自分でチェックする方法ってあるんですか？」

「簡単よ！　手を自分のお腹に当ててみなさい！　そのときに、手が温かく感じるのであれば、内臓が冷えているわ！」

さっそく自分でもやってみることにした。

げっ、あんなに温泉とサウナに入ったのに、ちょっとひんやりするぞ。

「やはり内臓が冷えていたわねーアンタ、エクストラコールドじゃない？　そのままだと絶対にモテないわよ！」

運動もしているし、食事にも気を付けているから、自分は大丈夫だと勝手に思っていたが、予想以上に冷えていた。ハイボールを飲み過ぎたのか？　それとも冷房に当たり過ぎたのか？　いや、それでここまで冷えるものなのか……？

フェロモンと性欲

「東洋医学では、内臓の状態を気血水のめぐりで考えるの。内臓が冷えたり、免疫力が落ちたりしている状態を『気虚（ききょ）』と言うのよ。つまり、気のめぐりが弱いってことね。特に腎が弱っていると性的な能力が落ちるのよ。そうすると異性を惹き付けるフェロモンが出なくなるわ。だから、そんなアンタは間違いなくモテません！　断言するわ！」

ここに来る途中にあったオトナのお風呂でドキドキしたし、モテたいし、自分は性欲があるほうだと思っていたけど、意外に落ちてしまっていたのか……。

「アンタの言う通り、性欲は性的な能力の1つではあるわ。でも、これは単なる生殖能力だけじゃなくて、内なる欲望や野生の生命力みたいなものを指すの。さっきも話したけど、フェロモンと言ってもいいわね。アンタみたいに、オトナのお風呂と勘違いして盛り上がっているようなギラギラした性欲とは違うのよ」

「そんな言い方しなくてもいいじゃないですか。純粋にキレイなお姉さんを想像してドキドキしただけですって！」

「想像って、つまり全部アンタの思い込みでしょ？キモイ、キモイ。そんな奴は絶対にモテないわ。

これは男だけじゃなくて女もそうだけど、ギラギラしているっていう状態は、つまりは自分の想像だけで先走る独りよがりってことだから。

遊び相手としてならいいかもしれないけど、恋愛や結婚の相手としては、絶対に選ばれないの。だから、余計に売れ残り感が出ちゃうのね。若い頃に遊び倒して、焦って婚活しても全然、出会いがないっていうのは、そういうことなのよ」

ここぞとばかりにディスってくるアマビエ。

「そんなもん誰も欲しがらないのは、さすがのアンタでもわかるわよね？　パートナーとして人生の時間を預けられるわけないじゃない。アンタにはもっとスマートなジェントルマンになって欲しいものね。まあ、アンタの場合はそれ以前の問題だけど……」

調子に乗ってさらに畳みかけてくる。でも、流石にしつこすぎだろ！　ちょっと酔っぱらってきたからか、言わずにはいられなくなった。

「お言葉ですがっ！」

「はい！　出たわね！　いつもの〝お言葉ですが！〟」

アマビエは呆れたようにため息を付いた。

！！！！

俺は、この言葉を図星のときに使うんだった……。

全身から冷や汗が吹き出し、一気に酔いが吹っ飛んだ。

「話、続けるわよ！」

「ハイ、ヨロシクオネガイシマス……」

最高の性欲

「見た目は普通で、なんとなく魅力的だなって相手から思われるくらいが、最高に性欲がある状態なのよ。性欲っていう言葉のイメージがいけないのかもしれないわね」

たしかに、性欲っていうと誰にでもある衝動なのに。その言葉には、どうしてもギラギラ感やネガティブなイメージを含みがちだ。最高の性欲っていうのは自然と惹かれる魅力を持っているってことか。

「問題は、その衝動を抑制できない人が一定数いて、犯罪の一線を越えてしまうってこと。つまるところ、これも気血水のめぐりの問題なんだけど、それは後で取り上げるわね」

「とにかく、魅力的になるためには、身体が温かくないとダメってことですね！」

「そうよ！　身体が温かいのが、モテるための必須条件よ！　健全な人間関係の基本ね！！」

「わかりました！」

ツヨシの魅力

「そういうところが、アンタのいいところね！」

「はい？」

「注意されたら、すぐに修正して、素直に自分を変えようとするでしょ？　これってなかなかできそうでできることじゃないわ！」

「えっ？　あっ、はい。いや、あー、ありがとうございます」

まさか、こんなところで褒められるなんて、思いもしなかった。

エネルギー循環がキモ

「人と人が交流をするときはね、目に見えないけど、気、つまりエネルギーの交流が行われているのよ！」

「わかります。ちょっと疲れて落ち込んでいても、元気で明るい人がいる場で過ごしているだけで、いつの間にか元気になっていたという経験があります」

「エネルギーは高いところから低いところに流れるからね！」

「水が低きに流れるみたいな感じですね！」

「そうね！　エントロピーの法則ともいうわ。元気な人と弱っている人が一緒にいると、元気な人から弱っている人へエネルギーが流れていくのよ」

「会うと元気になる人もいますが、逆にすごく疲れちゃう人っていますよね。こちらが疲れちゃう人というのは、相手にエネルギーを奪われてしまっているってことですか？」

「そうね！　アンタのエネルギーが見事に吸われているわよ！　エネルギーヴァンパイアに！」

「げっ、なんかモンスターみたいですね！」

「そうね、クレクレ君っていえばわかるかしら。さっきも話したけど、人と人が交流すると必ずエネルギーの交流が起きるじゃない？　でも、言い訳する人、頑固な人、人のせいにしてばかりの人、自分の都合を押し付ける人みたいなのは、エネルギー循環が起きないのよ」

「あ、それなんとなくわかります。そういう人って結局孤立していくイメージがありますね」

「勘違いしないで欲しいのは、エネルギーが高いからいい・低いから悪いわけじゃなくて、エネルギー循環が起きないことがヤバいの。エネルギーの高低だけで考えたら、治療家は吸い取られてばっかりになりそうでしょ？」

エネルギーヴァンパイア

アマビエがエネルギーヴァンパイアにエネルギーを吸われている瞬間の具体的な身体状態を教えてくれた。

・体温が下がった感じがする（手が冷たくなる）
・呼吸が浅くなる（すぐに息があがる）
・緊張する（筋肉が硬くなる）
・視野が狭くなる（まわりが見えなくなる）
・イライラする（余裕がなくなる）
・思考がまとまらなくなる（バカになる）

「めちゃくちゃ思い当たることがあります！」

「逆に、アンタがエネルギーヴァンパイアになっていることもあるから気をつけなさいね！」

そういうこともあるのか！　会って元気が出るのはいいことだと思ったけど、逆に相手からエネルギーを吸い取っているだけってこともあるのか。

「せっかくだからついでに言っておくけど、エネルギーの扱いに長けた人は、エネルギーを奪うだけの人にめちゃくちゃ敏感だから、手厳しい対応を受ける場合があるわよ。ある意味で鏡の法則みたいなところはあるわね」

も、もしかして、アマビエがキレ散らかすのって、自分の鏡だったりするのか……。

フフフッと、意味深な笑みを浮かべるアマビエ。

「魅力的な人は、基本的に元気でエネルギー状態が高いのよ！　たとえば、アンタが女の子とデートしたとして、下心全開で自分のことしか考えていないようだったらエネルギーヴァンパイアになってしまっているわけ！　そしたら、次のデートは絶対にないわ。モテるためには、相手よりも体温が高い、つまりエネルギーが高いことはもちろん、相手とのエネルギー循環を意識しなくちゃダメね」

ツヨシの閃き

ふと、ツヨシの脳裏にあるアイデアが閃いた。

「モテるため体温が高ければいいんだったら、使い捨てカイロって、お手軽な恋愛アップのモテアイテムなんじゃないかって思ったんですけど、どうでしょう」

「いやいや、それは違うわね。人間は自然界のエントロピーの法則に従っているから。使い捨てカイロを使ったり、他から熱をもらったりしても、すぐに熱が逃げていってしまって、結局体温が下がってしまうのよ。だからこそ、自分で熱を生み出せる身体をつくることが必要なわけ。つまり、エネルギーは自家発電ができないとダメなの」

「あっ、そうなんですか……」

「それに使い捨てカイロは、どうやっても身体の表面とか一部しか温まらないじゃない？　内臓から温まらないと芯から温まったとは言えないのよ。しかも、使い捨てカイロは、鉄の粉が酸素と急激に反応することで発熱する仕組みなんだけど、極端に言えば急激に錆びるときに出るエネルギーなわけ。だから、急場をしのぐためにはいいけど、慢性的に冷えている人が使い捨てカイロを常用するのはオススメできないわ」

「錆のエネルギーだから身体によくないってことですか？」

「簡単に実験できるから、使い捨てカイロ、持ってきてちょうだい！」

温浴施設に使い捨てカイロなんてあるわけないだろ！　って思っていたら、スタッフが持ってきてくれた。なんでだろうと疑問に思っていたら、寒い日の帰りなんかに湯冷めしないようサービスで配っているらしい。細部にこだわってサービスを提供するのがアマビエ流だと力説しながら、使い捨てカイロを袋から取り出して振りだした。

アマビエと一緒に実験しよう

「まず、何も手に持たずに、身体を前後に曲げてみて。その感覚を覚えておくのよ！」

周りの目が気になったが、その場で立って言われたとおりに曲げてみた。

「次に、使い捨てカイロを手に持って、同じように身体を前後に曲げてみてちょうだい」

「うわっ！　全然曲がらない！！」

「声、デカっ！　ちょっとアンタ驚きすぎだから！　周りの迷惑も考えなさいよ！」

声も顔も態度もデカいアマビエだけには言われたくない！

「実際に行動することで得た経験が積み重なって、知識は知恵に変わるのよ。パスカル君も言っていたでしょ！『知恵は知識にまさる』って。やってみることって本当に大事なのよ！」

「でも、使い捨てカイロで身体が硬くなったのには、びっくりしました！　でも、これって、手に持ったために力が入ったとかじゃないんですか？」

「アンタは心だけじゃなくて、頭まで弱いの？　何かを握ったくらいで曲がらなくなるんだったら、新体操なんてできないでしょうよ」

「……いや、まあ、そうですよね」

「これは、エネルギーレベルで身体の不調和が起きているってことなの。詳しい説明は割愛するけど、キネシオロジーって聞いたことない？」

「あ、そういえば、聞いたことあります。Ｏ《オー》リングテストとか、そういうやつですよね？」

「よく知っているじゃない、さすが、自己啓発オタクだっただけあるわね」

「でも、アレって自分でやるとなかなかうまくできないんですよね」

「それは、あとでもやるけど、アンタのイメージ力不足ね。そう簡単に本当の意味はわからないわ。ローマは一日にして成らずよ！　一歩一歩だからね！　モテツボをマスターした暁《あかつき》にはうまくできるようになるわ！


でも、こうやって実感が湧くだけ大したものよ。昔のアンタだったら、身体の変化に気付けないくらい硬まっていたからね」

なんだか引っかかる言い方をされたが、たしかにアマビエの言うとおりだ。

「はい、おっしゃる通りでございますっ！」

「おお！　耐えたわ！　アンタのことだから〝お言葉ですが！〟が出るかと身構えていたのに！」

キラリとアマビエの大きな目が光った。

モテツボとは

「じゃあ、モテツボの要点、いくわよ！」

「押忍！　お願いします！」

「最初に要点をざっくり伝えると、モテツボの「ツボ」っていうのは、東洋医学でいういわゆる『経穴（ツボ）』のことなんだけど、ツボはただ押せばいいってわけじゃないの。一般向けの健康本だとそこまで書けないから書いてないだけなんだけど、実は手指の先から気を出してツボを押さないと本来の効果は発揮されないのよ！」

「手から気ですか？　なんかスピリチュアルみたいで、めちゃくちゃ胡散臭いんですけど……」

「アンタね、さっきからさんざんエネルギーの話をしていたじゃない。それだって目に見えないでしょう？　それなのに、馴染みのないフレーズが出ただけで胡散臭いとか、どんだけよ。逆に、治療家の中では東洋医学の気よりも、エネルギーのほうが胡散臭いって人も多いのよ？」

「え、そ、そうなんですか？」

「そうよ。いかにアンタが自己啓発の狭いコミュニティーの中で純粋培養されてきたかがわかるわね……。自分の狭い価値観だけに閉じこもっていたら、たとえ女の子と付き合えたとしても、すぐに化けの皮が剥がれて愛想を尽かされちゃうわよ」

「すいません、ごめんなさい！　素直になります！　真面目に聞きます！」

「彼女がいなかったら、しがらみもないし、自分の好きなこともできるし、悪くないわよ。そのかわり、時々、自分の一生の意味について振り返ってしまうかもしれないけど」

「絶対に嫌です！　やれること、すべてやります！」

僕は十分、１人の時間を楽しんだ。だからこれからは、喜びと悲しみを分かち合う、もっと有意義な充実感のある時間を過ごしたいと心底思っている。前だったらいろいろな言い訳を探して、彼女など必要ないと自己を納得させて、心の声を抑え込んできたけど、今度こそ変わりたいんだ！

気の基礎知識

ツヨシの決意を目の当たりにして、アマビエも真剣な顔つきに変わる。

「アンタの本気は十分に伝わったわ！　ちょっとキツイ言い方して悪かったわね。じゃあ、続けるわよ！　気って目には見えないけれど、間違いなく存在しているの。日本人にはあまりピンとこないかもしれないけど、中国だと鍼灸治療を行う中医師より、気功で治療ができる気功師のほうが扱いが上で、トップクラスになると人間国宝だったりするのよ」

「へえ……、そうなんですね。でも、気の治療が胡散臭くて、鍼灸治療のほうが信用できる気がするのはなんでなんですかね……」

「そりゃあ、日本だとはり師・きゅう師は国家資格だけど、気功師は占い師みたいなもんで、誰でも名乗れるからね。ヒーラーっていうのも似たようなもんね」

「でも、中には本物の実力を持った人もいるんですよね？」

「もちろんいるわよ。もきっちゃんとかはまさにそうね。でも、あれは超能力みたいなもんだから、やり方だけ真似したって、できるようにはならないんだけどね。だけど、そういう人に憧れたり、興味を持ったりするのもいいけど、そもそも気の治療っていうのは日常生活のいたるところで、当たり前に使われているもんだからね」

「そうなんですか？」

「アンタも小さいころ、頭やお腹が痛くなったときに『痛い痛いの飛んでけ〜』ってママに手当てしてもらったでしょ？」

「してもらいました！」

「あれも立派な気の治療なのよ！　手から出る我が子を想う温かい気のエネルギーによって、痛みを鎮めているわけ」

「そういえば、母の手から温かい優しい何かが出ている感じがしました」

遠い昔に母と過ごした記憶が蘇る。

「そう！　まさにソレよ！」

一瞬、アマビエの姿がなぜか母に重なった。

モテツボの準備その1／気を出すトレーニング

「だから、まずは手から気を出すトレーニングからはじめる必要があるわ」

「え、手から気を出すトレーニングなんてものがあるんですか？」

「たとえば、気功はそのものズバリだし、整体師やアロマセラピストみたいに、手技を扱うプロは、手の感覚が育っていくわ。これって後天的に開発できる才能の１つなのよ」

「それはすごいですね！」

自分には無理だと思っていたけど、急に希望の光が差してきた感じがするぞ。

「だけど、アンタの場合は、手を意識して使うことをしてきてないから、いざやってみてと言ったところでまったくピンときてないはずよ」

「はい、何をどうすればいいか、さっぱりわかりません、かめはめ波を打つ練習みたいなのをするわけじゃないですよね？」

「発想が小学生レベルね……、それに、気と気合いは違うから、力を込めてもムダよ。だいたい、アンタにそんなこと期待してないわ。そのあたりはもちろん考えてあるわよ」

つくづく、全部お見通しなんだな……。

気を出すコツ

「結論から言うと、ポイントは〝言葉〟と〝イメージ〟の２つよ！」

「言葉とイメージって前回もやりましたよね？」

「そうね、前回のは基本編で、今回のは応用編ね。大事なことは角度を変えながら、何度も繰り返し学ぶことで、理解が深まっていくの。物事には色々な側面があるけど、それを一度に説明したところで、知識として知っているだけになっちゃったら意味がないのよ」

とはいえ、何をどうすれば手から気が出るようになるのかさっぱりわからなかったが、オープンマインドを意識して口を挟まずトレーニングの内容を聞いてみることにした。

モテない行動

「ところで、アンタの行動で非モテにつながっていたのは、なんだと思う?」

「急になんですか?」

さっそく手から気を出すトレーニングに入るものと思っていたツヨシは、肩すかしを食らってしまった。

「前回やった通り、目標が具体的じゃなかったり、ネガティブな言葉を使っていたりしたからでしょうか」

「そうね、それもあるんだけど、決定的な理由がもう1つ他にあるのよ」

〝教えてください!〟と、続く言葉を催促しようと思ったが、アマビエのジョッキが空っぽになっていることに気が付いた。そういえば、料理もすっかりなくなっていた。

「えーっと、何か頼まれますか？」

「おぉ！　わかってきたじゃない！　これが女心をホロリとさせる一言なのよ！」

女心？　今のやりとりのどのあたりが女心に刺さるのかサッパリわからないぞ。

アマビエのリクエストでフライドポテトを追加で注文した。

「あっ！　できたらでいいけど、ケチャップつけてくれませんか？」

しかし、唐揚げといい、フライドポテトといい、旺盛な食欲にビックリする。それにケチャップを追加するなんて自分の欲求に正直すぎやしないか？

「頭の中のもう1人のアンタがめっちゃネガティブな言葉を使っているからモテないのよ！」

ケチャップをたっぷり塗ったポテトをほおばりながら、いきなり喋り出した。

「それって前も言われたやつですよね？　今じゃ、かなり気をつけていますよ！」

「話をちゃんと聞きなさい。口に出す言葉だけ気をつけてればいいわけじゃないわよ」

ん？　どういうことだ？

発する言葉と心の言葉

「〝げっ、マジか〟〝最悪〟〝無理じゃね？〟〝勘弁してくれ〟〝うっわ！　キツっ！〟なんて、いつも心の中で悪態ばっかりついているでしょ」

げっ！　マジか。

って今も「げっ！」って心の中で言ってしまった。

「言葉の話を聞いたとき、心の中までは意識してなかったでしょ。バレなければ何を思っても、何をしても自由だと思っているかもしれないけど、心の中の自分の言葉っていうのは、自分の気分に影響を与えるの！　そして、世の中をそのように見るようになってしまうのね。結果として、それを続けると性格まで変わっちゃうの！」

「え、ど、どういうことですか？」

「たとえば女の子でも、男なんて下心しかないんでしょ！　とか、私なんて価値がないんだわ！　みたいに心の中で思っていると、誰に何を言われたってそのようにしか受け取らなくなるのよ、それを何年も続けていると、人を信じず、疑り深い性格になるのはわかるでしょ？」

アマビエの言うことが本当だとすると、自分の場合は、かなり自分自身にブレーキをかけてしまっているかもしれないと思った。

言葉を変えると性格がよくなる

「『はじめに 言葉ありき。言葉は 神なりき』って聖書にも書いてあるでしょ！」

はじめに言葉ありきに続きがあったのか……。

「何があったとか、何をされたとか、もちろん、そういうことに影響を受けるのは事実よ。でも、それ以上に、自分の内なる言葉が自分の生きる世界を創造しているのよ！」

言わんとすることは理解できる。でも、だからといって、こじらせてしまった自分の性格すらも、自分自身のせいだと言われたらなんかやるせない気持ちになる。こっちは、そこから抜け出したいと思って頑張っていたし、苦しんでいるっていうのに。

「もぅー、仕方ないわね、もう一回立ってみなさい！　そして、さっきとやったのと同じように身体を前後に曲げてみなさいな」

ほどよく酔っ払ってきたこともあり、ちょっと身体に意識を集中して、エイヤっと身体を前後に曲げてみた。

「じゃあ、次はいつもの口癖を心の中で言ってから同じようにやってみなさい。ほら、いつものアレよ！　自分なんて！　最悪。無理じゃね？　って言いなさい！」

「(自分なんて！　最悪。無理じゃね?)」

言われるままに心の中で復唱し、同じように身体を前後に曲げてみると、体幹の芯のほうが強張り、思うように曲がらなかった。

「実際に口に出す言葉をいくら気をつけていても、心の中で考えても同じだからね。ほんと気をつけなさいよ」

実際にこんな風にハッキリと違いが出てしまうと、グウの音も出ない。

「で、でも、これってプラセボ効果じゃないんですか？」

「アンタも疑り深いわね。さっきの使い捨てカイロのとき、アンタは使い捨てカイロがイイと思っていたわけでしょ？　であれば、逆になってもよかったはずよ。でも、実際は違ったわ。身体の反応っていうのは、思考じゃコントロールできないのよ」

「言葉が影響を与えるっていうのは、思考でコントロールしているのとは違うんですか？」

さらに食い下がって聞いてみる。

「さっきも言ったけど、ここでいう言葉っていうのは、一度や二度の話じゃなくて、何年間にもわたってアンタが自分自身に刷り込んできた言葉のことよ。だからそれは、思考云々のレベルじゃなくなっているの。もはや、自分自身とも言えるわね」

そ、そうなのか……。たしかに思考はいずれ口癖に、口癖は行動にも出てしまうのだろう。だとすると結構とんでもないことをしてきちゃったんだな。

「口に出す言葉以上に、心の中の言葉のほうがヤバイのよ。意識して止めないと無限にネガティブが湧いてくるからね。

アンタの好きな自己啓発本にもあったでしょ。『人間は1日に約6万回思考し、そのうち95％は昨日と同じことを考え、そのうちの8割はネガティブな思考をする』ってね。

とはいえ、心配事が実際に起きるのは13％しかないし、その8割は自分で解決できるから、本当に困ったことって、せいぜい3％くらいしか起きないのよ」

アマビエは最後にフォローを入れたが、ツヨシはよほどショックが大きかったらしく下を向いて押し黙ってしまった。

意識的にポジティブな口癖を

「話す言葉、聞く言葉、見る言葉もそうだけど、心の言葉も自然に任せたらいけないのよ！　そのためには、自己中心的で、独りよがりな思考パターンを卒業することね。他者への思いやりや配慮の言葉、感謝の言葉といったポジティブな言葉で満たしていくことがモテるためのコツよ！」

いつのころからか覚えていないくらい、日常的に自分の口からネガティブな言葉を垂れ流してきた。そのために自分の魅力を磨くことを自ら放棄した結果として、ほとんどモテることもないまま、今いままで過ごしてきたことをとてつもなく後悔した。

とはいえ、このまま人生を終わらせたくない……。これはアマビエの愛のムチなんだ。いつものように、きっと解決策を知っているはず。

ここはアマビエの言っていた自分のよさ、「素直さ」を使うときだ！

「はい、よくわかりました。反省しています。でも、これからどうしたらいいんでしょう。小さいころから自分にかけてきた言葉をどうにかできるんでしょうか？　口癖って意識していればなんとか抑え込めますが、ゆるめた途端に顔を出してきそうです」

エネルギーの開放

アマビエはにっこり微笑んだ。

「それは大丈夫よ。こうして気づいて、意識しはじめるだけでも全然違うんだから。大事なのは、まず、このことを受け入れること。そして自分のこれまでの行いを心底反省するの。言い訳しているうちはダメよ。それはもうわかるわよね。最初は違和感があるかもしれないけど、グッとこらえて、流れていくべきエネルギーをリリースしていくの」

「はい、わかります。水の教えの応用ですよね」

「そうよ！　わかっているじゃない！　素直でよろしい。やっぱりそれがアンタの一番の長所ね。モテるために必要なロジックが身についてきているわね」

アマビエに手放しでほめられて、なんだかホッとしたツヨシだった

手放しと感謝

「これからは、過去の自分のエネルギーをリリースして、未来に向かってポジティブな言葉で満たしていくといいわよ！

たとえば、モテツボを押すときに『アマビエ様のおかげでよくなっています！』って言うとかね！　恥ずかしいなら心の中で言えばいいわよ」

ツヨシは「ちょっとそれは恥ずかし過ぎる」と反射的に言いかけたが、グッと飲み込んだ。かつての自分なら絶対にしなかったことも、今回ばかりは徹底的にやってやる。

「まあ、さすがに今のは冗談だけど、無意識に出てくる反応を意識的に捉えて扱っていくっていうのは、とても繊細なことだけど、めちゃくちゃ重要なのよ！」

ツヨシがネガティブな反応をぐっと飲み込んだ瞬間、ツヨシの気のめぐりがブワッと力強くなったのをアマビエは見逃さなかった。

やっぱりこの子のストッパーになっていたのは、このネガティブな口癖だったわね。

言葉とイメージは気を養う

「次のテーマは〝イメージ〟よ！」

「あ、ちょっと休憩しますか？　続けて大丈夫ですか？」

「アラ、気がきくわね。じゃあ、ビールとフライドポテトのおかわりをお願い」

ほどなくして、注文した品々がやってきた。今度はフライドポテトに別添えのケチャップがついてきた。

「アンタわかる？　これがモテる秘訣よ。きっとあのお姉さん、素敵な彼氏さんがいそうね」

「そんなことまでわかるんですか？」

「さっき、アタシがケチャップをお願いしたじゃない？」

「はい、しました。正直、ちょっとエッと思いましたけど」

「さっきのリクエストはいくつもの言葉のエッセンスがあったの気づいた？」

「そ、そうだったんですか？」

「アタシは横柄に『客が欲しいっていうんだからケチャップくらいつけろや』って言ったわけじゃなくて、『できたらでいいんだけど』って前置きして聞いてみたのよ」

「そうでしたね」

「で、なんでそんな風にリクエストしたかっていうと、ここはいろんな揚げ物も提供しているから、ケチャップくらい当然あるわよね。で、今はお客さんの波もひと段落しているし、料理がそれなりの単価だから、そのくらいの裁量はあると思ったわけ。だから、『できたらで』と前置きした上で、ストレートにアタシの希望を伝えたのよ」

「そんなことまでイメージしていたんですか？」

「そうよ、そのくらいイメージできるでしょ？　あとは言葉ね。相手のことをイメージして、思いやりながら、して欲しいことをハッキリ伝えたの」

「ああ、あの一言に、さっきの言葉のエッセンスが詰まっていたんですね」

「絶対、ケチャップくらいサービスでつけてもいいだろとか、他の店だとケチャップくらいデフォルトでつけてくるのにこの店はケチだなとか、そんな悪態をついていたら絶対ダメだからね。デートでそんなことしたら相手がドン引くわよ」

「うっ、たしかについやっちゃっていたかもしれません」

「で、この一連のやりとりのキモは、さっきは何も言わなかったのにケチャップがついてきたことよ。あれはあのお姉さんがこちらのことをイメージしたからできたことなの。ああ、まだもう少しいるんだろうなとか、先程ケチャップを追加で頼まれたなとか、そんな風に思ってくれたからこその、気の利いたサービスってわけ」

「エネルギーが循環していますね」

「そうよ、お互いのことをイメージし、思いやる言葉をかけつつ、ハッキリと自分の希望は伝える。こういうやりとりができる人に素敵なパートナーがいないはずないいじゃない」

「初回のデートでそんなことができたら、未来を一緒に考えられますね」

「そうよ、だから言葉とイメージは気を養うのに不可欠な要素なの」

「でも、なかなかそんな風にはイメージってできないですよね。今の例は知識や経験があるからできたんじゃないですか？」

「もちろん、社会経験や観察力みたいなのも大事だけど、知識や経験というのは自分の中でイメージをつくるためにあるのよ。スポーツだって繰り返し練習するのは、動きのイメージを身体に落とし込むためじゃない？　だから、何だってイメージが先なの。イメージができないものは決してできるようにはならないわよ」

それは自己啓発本によく出てくる表現だった。想像することのできるものだけが、現実の中に具現化されるという話はどの著者も同じように語っていた。

モテツボの準備その2／「イメージ」をマスターせよ

「そのイメージっていうのは、どうトレーニングしたらいいんでしょうか」

「じゃあ、まずは簡単なところからいくわね。使い古されたやり方だけど、レモンをかじるイメージをしてみて！　カットされたレモンをガブッとかんで、酸っぱい果汁が口の中を襲うあの感じね」

「うわ、話を聞いているそばから、唾液が出てきました！」

「そう、それがイメージするってこと。これはある意味、言葉によって過去の体験を想起させたってことでもあるんだけど、こんな風にイメージは思いっきり身体に影響するのよ！」

「たしかに！」

「イメージで身体は簡単に変わってしまうの！　だけど、身体に変化を起こすにはイメージが具体的な電気信号に変換される必要があるの」

「ん？　ちょっと待ってください、どういうことですか」

「つまり、単なる空想と具体的なイメージとの違いといったらいいかしら。この場合だと、レモンね。過去の知識や体験によって、レモンの手触り、色、味覚などなど、すでにかなりの具体的な情報が知覚されているでしょ？　それを呼び起こしたのよ。すると、その電気信号が走ることで身体の変化、つまり、ここでは唾液が出るって作用が起こる。イメージはこうやって利用するのよ！」

「なんか、すごくイメージっていうのがどんなものか具体的になってきた気がします。これなら結構簡単にできそうですね」

「そうやって、すぐ調子に乗るんだから。アンタ、それって自覚ある？」

2種類のイメージ

「イメージが難しいのはここからよ、特に男性はね」

「え、そうなんですか？」

「意識の底、つまり身体の感覚に落とし込むために、イメージを使うの。イメージにも2つあって、『受動的なイメージ』と『能動的なイメージ』があるの。

受動的イメージっていうのは、たとえばＴＶの食レポをみて『美味しそうだな』って思ったりするものね。向こうから勝手に飛び込んでくる情報からイメージするものなの。

能動的イメージっていうのは、自分の意思で想起するイメージのことよ。

もちろん、重要なのは『能動的なイメージ』よ。できる・できないは個人差があるんだけど、この違いは知っておいてね」

能動的イメージ

アマビエは一息入れてから言葉を発した。

「じゃあ、気をとりなおして、能動的なイメージの簡単なやつからいくわね。先月、信州にいったじゃない？　あのとき訪れた森の中の情景をイメージできるかしら」

「わかりました。やってみます」

目を瞑って、過去の体験を思い出してみる。腐葉土が積もった地面の感触、空気感、差し込む太陽の光……。ガヤガヤしていた店内の雑音が一気に遠くなり、一瞬のうちに信州の森の中にいるかのような感覚に変わった。身体はゆるみ、呼吸も深くなる。

「目、開けていいわよ。ちゃんとできたみたいね」

アマビエは満足げな顔をしている。

「はい、ハッキリとイメージできました。単に思い出しているのとは違って、まるでそこに瞬間移動している感じでした。身体や呼吸まで変わるのが本当に不思議ですね」

「これは〝場《フィールド》〟っていう考え方で、あたかも自分がその場にいるような臨場感のあるイメージをつくるテクニックよ。難しいことは分からなくていいけど、イメージの作用がどれだけ心身に影響を与えるかを肝に銘じておいてちょうだい！」

「わかりました」

「じゃあ、次は少しハードルをあげるわね。理想の相手とのデートをイメージしてみて」

「理想の相手ですね！　わかりました」

ツヨシは再び目を瞑って信州で書いた理想の彼女の特徴を復唱し、思い描いた。すると、女性のイメージは浮かぶものの、楽しく会話をしたり、食事をしたりしているイメージがうまく出てこない。想像をしようとするものの、さっきほどの臨場感がない。

「どうだった？」

「なんか、全然ダメでした。感情を乗せてしっかり書いた理想の彼女だったのに、デートのイメージがわかないんです。ちゃんと描けたと思ったけど違ったんでしょうか」

「心配しなくていいわよ。理想の彼女の特徴そのものはちゃんとアンタの感情が乗っているから。第一ステップはオッケー！

でも、能動的にイメージするってことはまた別なのよ。過去の体験を引っ張りだすことはできても、未来を描くとなるととても難しいの」

「これまでビジョンボードとか、イメージして引き寄せるみたいなのが、イマイチよくわからなかったんです。それは受動的なイメージにとどまっていたからなんですね」

「そうね。それでうまくいったとしても、それだけでうまくいっているわけじゃないわよね。それはさておき、具体的なトレーニングに入るわよ。これはトレーニングでもあると同時に、是非できるようになってもらいたいエッセンスでもあるから、繰り返し練習してね」

イメージのトレーニング

「はい、わかりました。何かメモするものを持ってきたほうがいいですか？」

「内容はシンプルだから大丈夫。最初に、胸の真ん中にゴールドに光る玉をイメージして」

「大きさは、どれくらいですか？」

「大き過ぎず小さ過ぎずね！　ミカンくらいの大きさでいいわ！」

「はい」

「次に、肛門にシルバーに光る玉をイメージして」

「大きさはさっきと同じ感じでいいですか？」

「そうね！　で、最後に、両足の裏にあずき色の玉をイメージして」

胸にゴールド、肛門にシルバー、両足の裏にあずき色か。

さっそく目を瞑ってやってみる。ただ、どうも玉のイメージができない。しかも色をイメージしようとしても、全体的にモノクロで色のイメージもできない。

「あのー、サッパリできないんですけど……」

「あら、何が難しかった？」

「玉もですし、全体的にモノクロで色もイメージするのが難しいです」

「アンタ、夢はカラーでみるタイプ？　モノクロでみるタイプ？」

「基本的にモノクロだと思います。カラーのイメージはあまりないですね」

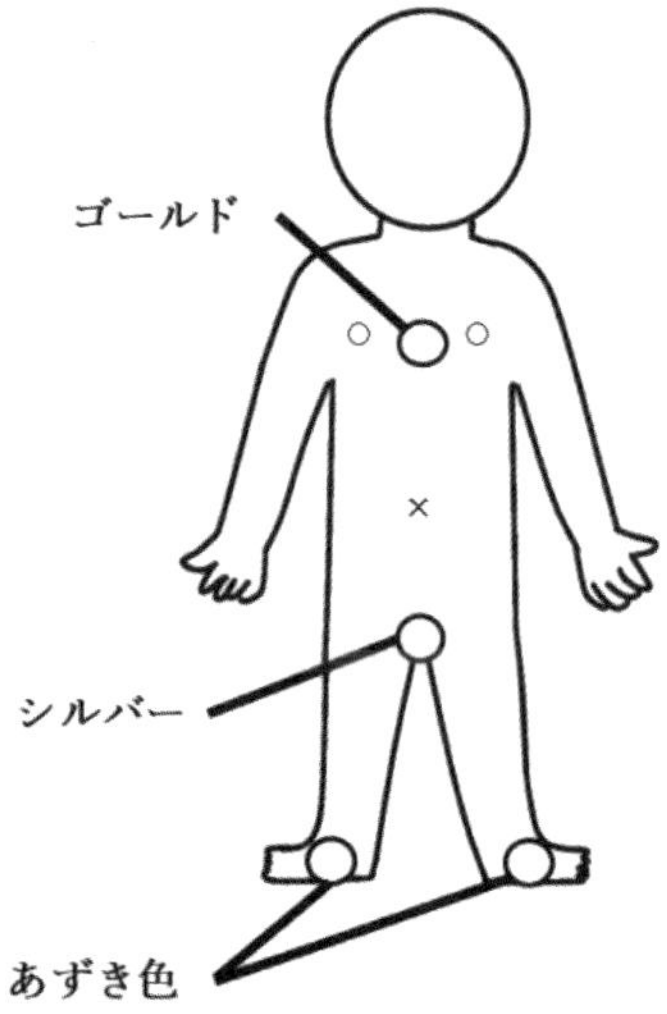

「他に何か気づいたことはある？」

「最初にゴールドをイメージしようとしたときに、胸の真ん中に温かいエネルギーみたいなのを感じました。あと、キーンという高い周波数を感じました」

「アンタは夢もモノクロだから、視覚が弱いのね。でも、エネルギーは感じているから体感が強いんだわ。男性には多いからあまり心配しないでいいわよ。でも、体感が強いってことは身体の反応はいいってことだから、モテツボを押すには向いているわ。ただ、このトレーニングは続けたほうがいいわね。能動的なイメージができるようになるためには重要だから」

「こういう向き不向きっていうのもあるんですね。自己啓発の本だと一切そういうことには触れないですよね」

「そうね。基本的に著者の成功体験をベースに書かれているから、自分と同じように誰もができるって思ってしまうんでしょうね。特に自己啓発やスピリチュアルでうまくいっている人っていうのは、その人自身に力はあっても、思い込みや感情のエネルギーの強い人も多いから、このあたりのことが抜け漏れているのかもね」

「これってできるまで先に進めない感じですか？」

「大丈夫よ！　ローマは一日にして成らずって言ったでしょ。一歩一歩でいいわよ！」

ここまでやってきて、アンタには才能がないからやっぱり無理ね！　って言われるんじゃないかと不安になったが、一歩一歩でいいと言われて安堵した。

「それじゃあ、次はお待ちかねのモテツボにいくわよ！」

そうか！　まだ準備段階だった！　これまでの内容でも､今までの自分のダメなところに向き合い、一段と成長できた実感がある。ここに「モテツボ」まで加われば、本当に大きく人生が変わる予感がする。期待に胸がふくらみ、思わずニヤけてきた。

「なに、ニヤニヤしていんのよ！　キモイわね、アンタ！」

おっと、つい顔に出てしまったようだ。

「とにかくモテツボの伝授、お願いします！」

少しでも話が先に進むように促した。

究極の奥義「モテツボのメカニズム」

「東洋医学ならではの身体観に基づく〝ツボ〟って、実はかなりたくさんあってね。ＷＨＯが認定している経絡上のツボは３６１個だけど、本当はもっと広義の概念なの」

「３６１個ってめちゃくちゃ多いですね！　そんなに覚えられないです……」

「それだけじゃないわよ！　他にも、押して気持ちいいところを『阿是穴《あぜけつ》』といってツボとしてカウントしたりするからね。阿是穴ってつまり『あー、そこそこ』って意味なんだけど、ウケるでしょ」

「え、そんなの人によって違うだろうし、キリがないじゃないですか」

「ぶっちゃけた話をすれば、そもそもの経絡や361個だって怪しいもんなんだけど、どちらかというと東洋医学っていうのは概念だから。西洋医学と同じように解剖学的に解明しようとすればするほど、本質から遠ざかるっていう恐ろしい側面もあるの。そういうことも含めて、本当に深くて、マスターするのにもの凄い時間がかかるのね。でも、アタシらの目的は、東洋医学を極めることじゃなくて、モテることよ！」

「それはよかったです。というか、東洋医学ってヤバいですね！」

「ふふ、アタシに任せなさい。今回はアンタのためにとっておきのツボを厳選しといたわ」

ツヨシはホッと胸を撫で下ろした。361個のツボを覚えさせられるのかと思って、腰が引けていたところだった。

「アンタ、モテる体質には、何が必要だったっけ？」

「温かい身体……ですか？」

「正解よ！　手足だけじゃなく、内臓の冷えも大敵だって話をしたのは覚えているでしょ？」

「はい、でも内臓の冷えって、どうやったらいいんですか？　普段から温かい飲み物を飲んでハラマキでもしてればいいんでしょうか」

「いい加減、アンタは鈍いわね……。だから、これからそれを教えるんじゃない！」

「！！！」

「東洋医学の真骨頂はね、手足のツボへの刺激によって、内臓そのものに働きかけることができることなのよ」

「そ、そんなことできるんですか？」

「もちろんよ。しかも、最近の自律神経の研究でこのあたりのメカニズムが医学的にも解明されてきているのよ。こういうのは東洋医学のごく一部の話に過ぎないけど、今まで非科学的だと言われてきたもののいくつかは、単に測定技術が追いついていなかっただけってこともあるの」

伝家の宝刀「モテツボ（五行のツボ）」伝授

「そうだ、内臓といえば、五臓六腑って言うでしょ？　五臓は肝臓・心臓・脾臓・肺・腎臓、六腑は小腸・大腸・胃・胆のう・膀胱・三焦のことよ。六腑は、食べ物・飲み物を消化吸収して身体のエネルギーに変換するまでの一連のプロセスを担うんだけど、五臓はより直接的に生命維持に不可欠な機能を担っているから、六腑より五臓のほうが重要なの！」

「そうすると、五臓に対応するツボを押せばいいってことでしょうか」

「御名答よ！　モテツボは五行が巡り、五臓のエネルギーを循環させるツボとも言えるわ。というわけで、早速教えるわね。まずは、３６１個のツボのうち、ツボの中のツボと呼ばれる五要《ごよう》穴《けつ》ってのがあるんだけど、中でも、特にパワフルな五臓の原穴《げんけつ》を押すの！　これがアンタに伝授する究極の奥義『５つのモテツボ』よ！」

・太衝《たいしょう》　足の親指と人差し指の骨が交差するところ
・神門《しんもん》　手首の横じわの小指側のくぼみ
・太白《たいはく》　足の親指の付け根（内側）のくぼみ
・太淵《たいえん》　手首の手の平側、親指の付け根のくぼみ。軽く触れると撓骨動脈《とうこつどうみゃく》が触れる
・太谿《たいけい》　内側のくるぶし後方とアキレス腱のあいだ

「あ、そうだ、あとね、そもそもツボっていうのは、押すときにコツがあるのよ！　初心者は力まかせにグリグリとやっちゃうんだけど、それだと周囲の組織を傷めてしまうの。特に顔のツボなんかは、シワやたるみの原因になっちゃうから、頭皮も含めて器具でゴリゴリやるのはＮＧなのよ。これを知っているのと、知らないのでは効果が雲泥の差だからね！」

アマビエのジョッキが空いている。ビールのおかわりでいいかと確認しようと思ったが、せっかくの温泉なんだし、しっぽりと日本酒を酌み交わしたい気分になった。

「アマビエさん、一緒に日本酒飲みませんか？　モテツボに合うお酒がメニューにあるので」

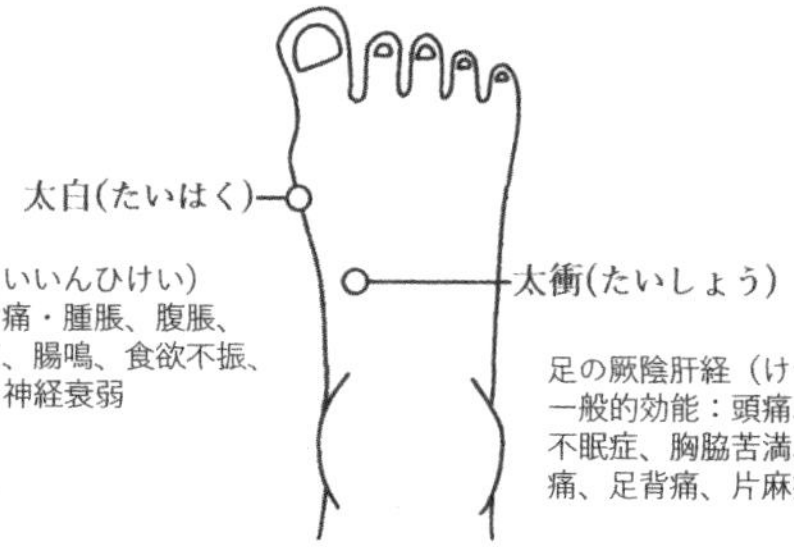
太白(たいはく)
太衝(たいしょう)
足の太陰脾経（たいいんひけい）
一般的効能：足指痛・腫脹、腹脹、
腹痛、嘔吐、下痢、腸鳴、食欲不振、
急・慢性胃腸炎、神経衰弱
足の厥陰肝経（けついんかんけい）
一般的効能：頭痛、のぼせ、めまい、
不眠症、胸脇苦満、生理不順、生理
痛、足背痛、片麻痺

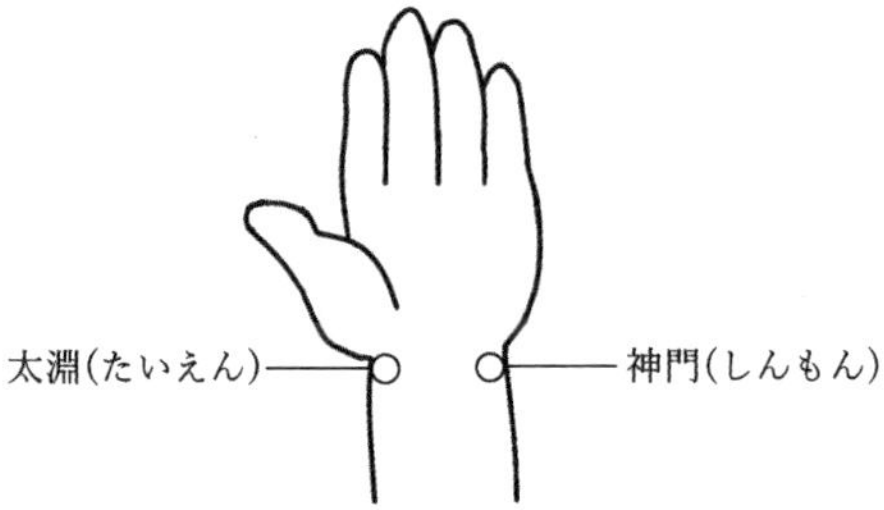
太淵(たいえん)
神門(しんもん)

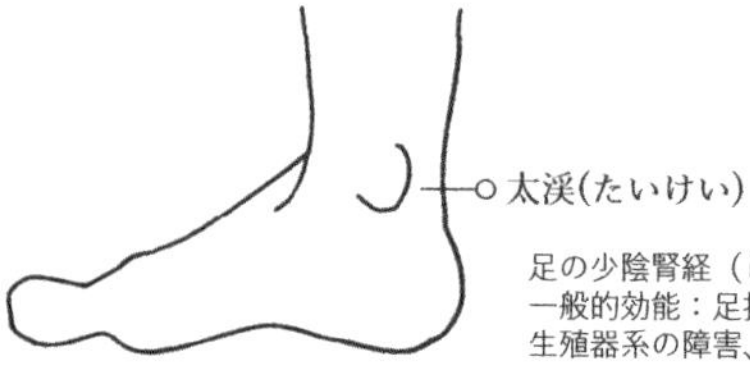
太渓(たいけい)
足の少陰腎経（しょういんじんけい）
一般的効能：足指痛、片麻痺、泌尿・
生殖器系の障害、婦人病

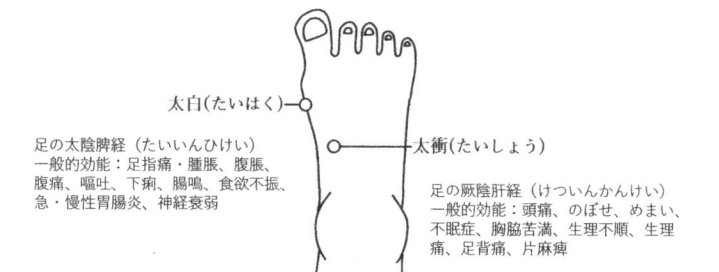

「日本酒!! イイわね! 大好きよ! モテツボに合うお酒ってどんなのかしら? 楽しみね」

ツヨシはアマビエに気持ちが通じた気がして、なんだかとても嬉しくなった。

「すいません! 『くどき上手』を2合、御猪口2つお願いします」

「ナイスじゃない! くどき上手! アンタ、だいぶセンスがよくなってきてるんじゃない?」

「ありがとうございます! では、あらためて、押すときのコツを教えていただけますか」

「そうだったわ! 任せなさい!」

忘れとったんかい、と心のなかで突っ込みながらも「お願いします!」と返事をする。

ツボ押しのコツ

「ポイントは『力を入れる向き』と『力の抜き方』よ!」

「力を入れる向きと抜き方?」

「そうよ! 押す場所も大事だけど、もっと大事なのが、力を入れる向きと抜き方、つまり、指先の感覚ね!」

的確に場所を捉えればいいものだと思っていたけど、そういうわけでもないのか。

「試しに〝太衝《たいしょう》〟を押してみましょ。一般向けの本には『足の甲の、親指と人差し指の骨が交わるところ』と書いてあるの。ところが実践しようとすると、この説明だと不十分でね。ほとんどの場合、場所を意識するあまり、つい垂直に押してしまうの。でも、本当は、指の腹を肌にあててから、人差し指側に向けて押すのよ。そうすると「ずーん」っていう感覚がするのがわかる？　押した奥のほうで「ずーん」「じーん」っと刺激を感じるならモテツボにヒットしている証拠よ！　そうやってツボを捉えられたら、今度は指の腹で皮膚の下の組織を感じ取りながら力を抜いていくの」

ツヨシはパッと閃いた。

「もしかして、これって気のトレーニングと関係ありますか！」

「するどいわね、まさにそうよ。指先の感覚に集中することで、イメージする力を育むことに通じるのよ。力を入れるときだけじゃなくて、力を抜くときまで集中力を保つのよ」

「わかりました」

これまで肩が凝ったときに漫然と押していたけれど、それじゃせっかくの効果も半減だったんだな。

「ツボに指をあてがったら、息を吐きながら軽く痛みを感じるぐらいの強さでツボを7秒間押し続けるの。力を抜くときは息を吸いながら同じく7秒間かけて全身をゆるめていくの。これを左右1セットずつね！　うまくできると手を離してもしばらく効果が持続するわよ」

ツヨシはゆっくり吐きながら押し、吸いながら離し、ずーんという感覚に集中しながら5つの原穴を1つずつ丁寧に押し終えた。

しばらくすると、身体のあちこちが反応しはじめ、内臓自体が急に熱を持ったかのように、お腹全体に温かさが広がっていった。

秘伝！　7つのモテツボ

「よし！　いいわね！　5つのツボをちゃんと押せたみたいね」

「なんですか、この熱。すごくお腹が温かいんですけど」

「だからいったじゃない、手足の刺激で内臓そのものに働きかけるのがツボだって。ちゃんと押せている証拠よ。気も整ってきているわ」

アマビエは満足そうに答えた。

「じゃあ、ついでに秘伝の7つのモテツボもいっちゃいますか！」

「他にもまだあるんですか？」

チャクラ＝大きなツボ

「これはいわゆるチャクラに対応するツボね。東洋医学的にいうと、チャクラは大きなツボみたいなものね。

中国禅宗の開祖である達磨大師はインド人だし、中国の三蔵法師はインドへ旅をしたわよね。同じようにインド医学も東洋医学も相互に交流し合っているの。

でも、チャクラとツボは別々に語られがちね。アタシが調べた限りでは、チャクラとツボを同時に扱っている文献はほぼ皆無だったわ。ただ、アタシの経験からいって、チャクラとツボは密接に関連しているのよ。つまり、ツボ（気の流れ）を活性化するためにチャクラを使わない手はないわけね。それに東洋医学の原典とされる黄帝内経の内容にはサンスクリット語の漢訳だとされる箇所がいくつもあるの」

そうなんだ。ヨガとか気功とかも別物って思っていたけれど、根っこは同じかもしれないな。今はわからなくても、いつかわかる日がくるかもしれない。そう思いながらツヨシは黙って耳を傾ける。

「中国の気功には『上丹田』『中丹田』『下丹田』っていうのがあって、それはまさしく『第6チャクラ』『第4チャクラ』『第2チャクラ』よ。その意味では丹田＝チャクラね。

だからって、チャクラはツボみたいに押せば活性化するってものじゃないの。運気調息して気を練って、第1チャクラから順番に通していくの」

「……とんでもないことをサラッといわないでくださいよ」

座禅を組んで呼吸法なんて、出家しないと無理なんじゃないか？　そんな考えがよぎった。

それってつまり……モテるどころじゃないわけだよな。

「まぁ、ここは話だけ聞いておいてくれればいいわ。

難しく聞こえちゃって悪かったけど、チャクラそのものは押せないけれど、それにつながる７つのモテツボに触れることでアプローチすることができるわ。そしたら大きなツボであるチャクラも開くってことなの。

もちろん五臓の原穴《げんけつ》を押してから触れると効果的だわ！　きちんと押せていれば手から気が出ているから」

これなら、なんとかわかる！

「チャクラに関係のあるツボに触れて、気の活用との相乗効果でチャクラにアプローチするという解釈で大丈夫ですか？」

「合っているわ！　触る順番は下から上に向かうのよ！」

「よかったです！」

「これが、秘伝、手で触れていく7つのモテツボよ！」

手で触れていく7つのモテツボ

・長強《ちょうきょう》　尾骨の先（おしりの骨の出っ張り）と肛門の間
・関元《かんげん》　へそから指四本分下がったところ
・膻中《だんちゅう》　左右の乳頭を結んだ線の中央
・天突《てんとつ》　左右の鎖骨を結んだ中央部のくぼみ
・風池《ふうち》　後頭部の髪の生え際の付近のくぼみ

・百会《ひゃくえ》　頭のてっぺんにあり「百のツボが会う」というMeeting room ofツボ
・印堂《いんどう》　眉間の中央にある小さなくぼみ

「チャクラはいろいろな形で身体と深く結びついていてね。ちょっと専門的に言うと分泌腺と神経叢と結びついているのよ。分泌腺はホルモン、神経叢は自律神経と関係が深いのね。病院行って検査しても異常がないのにツライってことがあるでしょ？　そんなときは、だいたい自律神経の問題を疑ったほうがいいわ！」

健康にも関係するのか……。大きなツボだからそりゃそうだよな。

でも、チャクラというとアニメの忍者とかヨガってイメージなんだよな。チャクラが開いて強くなるなんてアニメでもあるし。

チャクラが開けば超能力が使える？

「ちょっと質問してもいいでしょうか。よく、チャクラが開花すると潜在能力が目覚める！　みたいなのがありますけど、アレは本当なんですか？」

「アンタも大概そういうの好きね。アレの本来の意味はモテツボを押すのと同じなの。つまり、心と身体が整うことで本来のパフォーマンスを発揮できるようになるってことよ」

「急に今までなかった超能力に目覚めるとか、そういうものじゃないんですね」

百会(ひゃくえ)

（督脈）とくみゃく
一般的効能：頭痛、めまい、鼻詰まり、失語症、てんかん、不眠、高血圧、内臓下垂

百会(ひゃくえ)

印堂(いんどう)

（奇穴）きけつ
一般的効能：頭痛、頭重、鼻疾患、不眠

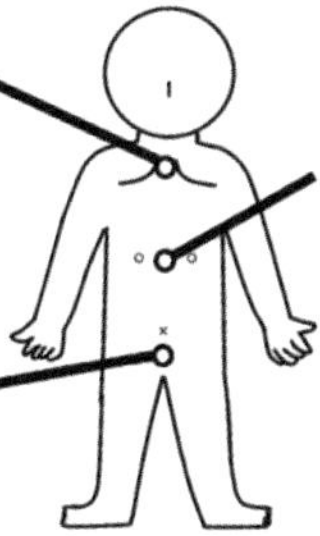

天突(てんとつ)

（任脈）にんみゃく
一般的効能：咳、喘息、咽頭炎、扁桃体炎、嗄声

膻中(だんちゅう)

（任脈）にんみゃく
一般的効能：胸やけ、胸脇苦満（肋骨下の緊張）、心胸痛、動悸、咳、喘息、嘔吐、噯気（ゲップ）、乳腺炎、肋間神経痛

関元(かんげん)

（任脈）にんみゃく
一般的効能：頻尿、尿閉、尿漏、生理不順、生理痛、不妊症、ED、下痢、腹痛、冷え性、体力の回復

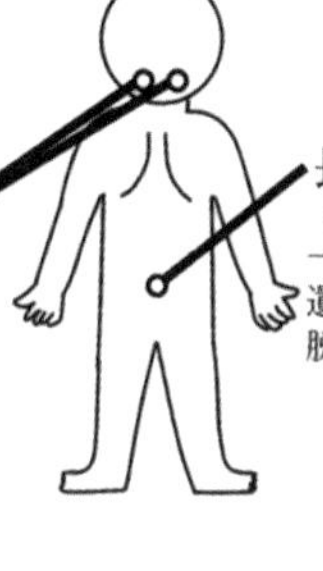

長強(ちょうきょう)

（督脈）とくみゃく
一般的効能：痔、血便、遺精、早漏、排尿障害、脱肛、ED

風池(ふうち)

（足の少陽胆経）しょうようたんけい
一般的効能：頭痛、めまい、目・鼻の疾患、耳鳴り、頸部筋肉痛、感冒、発熱、片麻痺、肩こり、背部痛

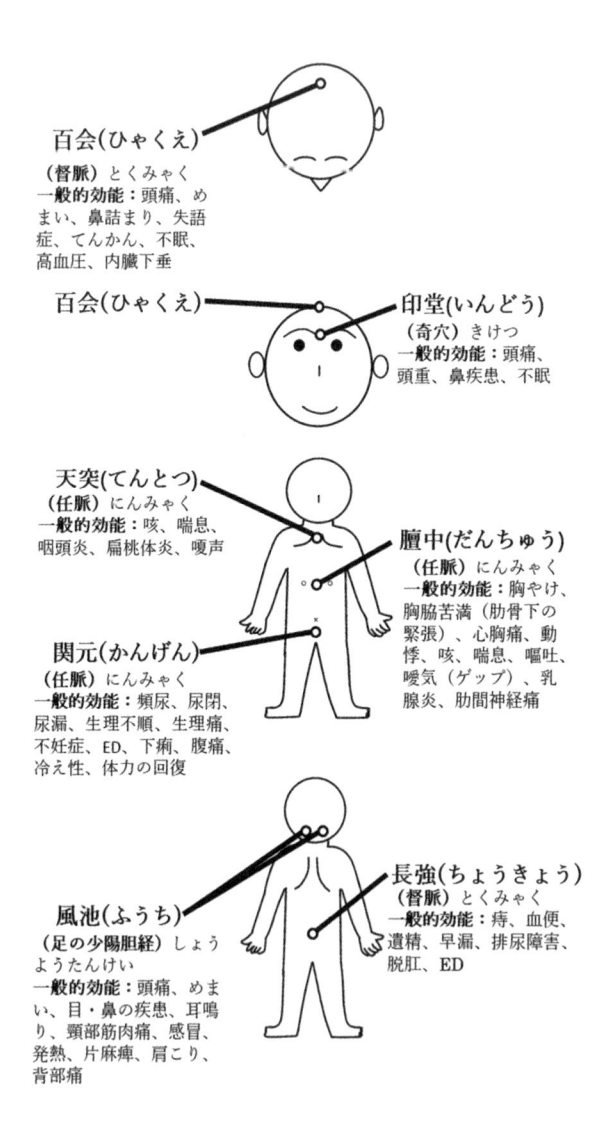

「あったりまえでしょ！　まあ、わりとよくあるケースとしては、開花させれば才能に目覚めると思い込んで、チャクラを開くセッションとかを受けまくってしまった結果、ガバガバになった神経叢（自律神経）が暴走して、おかしくなってまうパターンね」

「スピリチュアルが胡散臭いっていうイメージは、そういうところもあるんですね」

「そうね、悪い意味でスピリチュアルにハマっている人たちって、不健康そうな顔しているの。顔はメイクで誤魔化すことができても、全体的に生気に乏しかったり、排他的だったりするのよ。そういうのって絶対にモテないわよね」

「宗教と同じで信仰の自由はあるわけだから、何を信じてもいいとは思うんですけど、どこかズレてる感じがあります」

「そうかもしれないわね。まあ、どれをとっても一長一短あるから、その中でも真実の一片を拾い集めて、自分なりの世界観を構築していくしかないかもね。まぁ、７つのチャクラがバランスよく機能すれば、次第に健康になっていくし、おかしなことにも気づけるわよ」

モテツボへの道

「さあ、これで全部よ！　出し惜しみはないわ！　後は練習して自分のモノにしてちょうだい！」

アマビエはモテツボをツヨシに伝えることができて満足げな様子だ。

「つまり、押すツボが5つと、触るツボが7つですね！」

「そうね！　このモテツボを少しずつでも実践していけば、モテモテになるわ！　次会ったとき「アマビエさん、少しモテなくなるツボ、教えてくれませんか？」なんて、泣きついてくるのが、目に浮かぶわ」

「いやー、なんかマリオがスターを取った気分です！」

ふと時計に目が行ったアマビエが急にソワソワしだした。

「あっ！　もうこんな時間だわ！　アタシ、ちょっとこれから渋谷に寄らなきゃいけないの！」

「そうなんですか？　今日は帰って一緒にスプラトゥーンできるって思っていたんですけど」

「今度、やりましょうね！　さっ！　着替えましょっ！」

「おねえさーん、ごちそうさまでした！」

2人は着替え、お会計を済ませ、温浴施設の入り口で解散した。

別れぎわに、アマビエが「今日の眠りは格別よ！」と微笑んで言った。

急に時間が空いてしまったツヨシだったが、仕方なくまっすぐ帰宅することにした。家に着くと、気が抜けたのか急激に眠気が襲ってきて、そのままベッドに倒れ込んだ。

翌朝、ツコシはいつもよりだいぶ早く目を覚ますと、久しぶりに深い、満ち足りた睡眠を経験したことに気付いた。アマビエの言葉が脳裏によみがえる。目覚めが悪い人は低血圧が原因というよりも、体温の問題だったんじゃないかと思った。

「やっぱり温めるのって大切なんだな」と、自分に言い聞かせるようにつぶやいた。

たったの1日だったが、実体験を伴う学びの影響は大きかった「ありがとう」とアマビエに心から感謝し、ツヨシはこの生活習慣を続けることを目標にして、紙に書いた。

コラム／五臓について

五臓は西洋医学的ではなく、東洋医学的概念のことです。五臓には、気血水など、体に必要なものを生み出し、貯蔵する役割があります。六腑は、食べ物の消化吸収をし、便を排出するための通り道です。あえて西洋医学的に考えるなら、五臓は中身が詰まっている臓器（実質臓器）、六腑は中身が空の臓器（管腔臓器）と考えてもいいでしょう。

六腑に含まれる三焦は西洋医学で対応するものはありませんが、横隔膜から上の胸部の「上焦」、横隔膜からへその間の腹部の「中焦」、胃より下部の「下焦」に分けられます。

五行説では宇宙の万物は、木・火・土・金・水（もっかどこんすい）で知られる五行によって成り立っているという考え方で、宇宙の法則を上手に説明しています。

木が燃えて火がおき、火の作用でできた灰が土を肥やし、土の中からは鉱物（金）が生じ、鉱山から水が湧き出、水は木を育てます。これは相生と呼ばれる互いを助ける関係です。

この五行はそれぞれ肝・心・脾・肺・腎（かんしんひはいじん）の五臓と対応しており、五臓も五行の法則と同じように相生によって互いを助けています。

肝：木　気をめぐらせ、血をたくわえる。感情・自律神経（ストレスにより不調となる）

心：火　血をめぐらす。精神活動（意識、思考、睡眠）・体の働き全体を統括

脾：土　消化吸収からエネルギーを補充する。消化・排泄

肺：金　気・血・水の配分を調節。呼吸・皮膚・免疫機能・水分代謝

腎：水　水をめぐらす。水分代謝・成長・発育・生殖

肝→心→脾→肺→腎（→肝に戻る）の流れがスムーズであれば、各臓器がお互いに助け合い、五行の気が全身に巡ります。逆にどこかの流れが滞るとドミノ倒し的に不調をきたしてしまいます。また、木は土の養分を吸収し、土は水をせき止め、水は火を消し、火は金を溶かし、金は木を切りというように互いを抑制する働きもあります。

これを五臓で考えてみると、肝→脾→腎→心→肺（→肝に戻る）という関係性になります。互いを抑制することでバランスを取っているのです。

このようなことを知れば、特定の臓器を高めよう・補おうとするよりも、互いに協力しあえるようにバランスを取る、つまり五行の気を巡らせるよう働きかけることの重要性が理解できるはずです。

運勢学では、先天的に五行の星をすべて備えた運勢をもつ人を「五行周流の命」といい、皇帝の命式（生年月日の干支の配置）は、こうでなければならないと言われています。本書でツボによって五行の気をめぐらせようとしているのは、このような運勢／運気の観点からも重要なアプローチでもあるのです。

第4章　ぶち当たった壁を乗り越えろ

モテツボはインチキ⁉

アマビエから伝授されたモテツボの実践は、ツヨシの日常の一部となり、毎日愚直に取り組んでいた。始めこそ、モテツボを実践した先に幸せな未来が広がっていると信じていたが、最近になって、ツヨシの心に不安と疑念が芽生えていた。

継続は力なりと、頭ではわかっているのだが、どうしても悪い考えがもたげてくる。新宿の温浴施設でモテツボを学んだときの興奮は日に日に醒めていき、今では自問自答することが増えてきた。

アマビエが姿を消してから、3週間も経っていた。次第に「モテツボなんてでっち上げのインチキで、押しても何の意味もないのではないか」とすら考え始めていた。ついには、アマビエの正体や秘密を暴くためにネットで検索したり、動画サイトで関連コンテンツを視聴したりと情報の収集に躍起になっていた。

江戸時代後期に肥後国（現在の熊本県）の海上にあらわれ、海中から光を輝かせるなどの神秘的な現象を引き起こし、豊作や疫病に関する予言をしたという記録がツヨシの目に飛び込んできた。アマビエは神様でも精霊でもなくて、はっきりと妖怪だと書かれていた。今さらながら、ツヨシはアマビエを信じてきたことが恐ろしくなってきた。

それからというもの、モテツボのことなどすっかり忘れ、ダラダラと動画配信サービスでアニメを観ながらハイボールを飲んで寝るという日々を過ごしていた。

リズムが狂い始めたツヨシ

「アンタ！　最近、ずいぶん顔色悪いわよ。大丈夫？」

不意に声をかけられて驚いて振り向くと、以前、朝に話しかけてくれた職場の清掃をしている女性だった。私服だったのでまったく気がつかなかった。

「今日は、随分と遅いのね。少し前までは朝早い時間に元気いっぱいに出社していたのに。どこか具合でも悪いの？」

「実は、最近夜更かしが続いていて、今日は思い切り寝坊してしまいました……」

「人間だもの、そういう日もあるわよね。だけど、傍目にも調子悪そうなのがわかるくらいだから気をつけるのよ。健康は日々の積み重ねだからね」

ちょうど親くらいの世代だろうか。親身になって心配してくれているのが伝わってきた。もう一言二言交わすと「それじゃあ、次のパートがあるから」と、パッと行ってしまった。

彼女は早朝から掃除の仕事をして、昼には別のパートへ行くのか。

ツヨシは感心しながら遠ざかる姿を目で追いかけていた。

毎日のように酒を飲み、寝坊するような自堕落な生活を送っていたことを反省した。まずは毎日の習慣になっていた仕事終わりのハイボールを辞めよう。コーヒーでも飲みながら今後について考えをまとめる時間をつくろう。そう思い、定時で仕事を切り上げ、いつも前を通り過ぎるだけだった近所のカフェに入ってみることにした。

いつもと違うことをする

カフェの扉を開けた瞬間、焙煎されたコーヒー豆の香りに包まれた。店内には落ち着いた音楽が流れ、現代アートとおぼしき作品が壁のそこかしこに展示されている。

モダンでスタイリッシュな内装は若い女性に人気があるらしい。他のお客さんを見回すと静かにおしゃべりしたり、ソファに身を沈めてくつろいだりと様々だ。

お店の雰囲気を観察しつつも、心の中では注文に迷っていた。バリスタのいるカフェではキャラメルマキアートを頼んで飲み比べするのが楽しみの1つだった。でも、今日は、いつも注文しないものを頼んでみることにした。

昨日と同じ自分じゃダメだ。無意識の自分に引っ張られないよう、行動を意識的に変えていかなきゃいけないんだ。とにかく、何でもいいから変わるキッカケが欲しかった。

店員さんがツヨシに気づくと、ニッコリと微笑みながら優しく声をかけてきた。

「ご注文はお決まりですか？」

「エスプレッソをお願いします」

注文を受けたバリスタが慣れた手つきでエスプレッソを淹れる。ツヨシは受け取りカウンターの前で熟練の手際を眺めながら、カフェの雰囲気に五感で浸っていた。

新たな出会い

ゆったりとくつろげるよう趣向を凝らした店内に気が緩んだのか、急に全身の力が抜け、思わずスマートフォンを落としてしまった。

慌てて拾い上げようとした瞬間、誰かとぶつかり、相手の荷物が落ちて床に散らばった。

「あっ、すみません！」

ツヨシは急いで謝りながら、散乱した書類や小物をを拾おうとした。

そのとき、ツヨシの前にあらわれたのは美しい女性だった。

彼女は、心底心配そうに「大丈夫ですか？」と返してきた。

ツヨシは一緒に荷物を拾い集めた。こちらがぶつかってしまったのに、フラついた自分の心配をする彼女の優しさにビックリしながら「こんな魅力的な女性もいるんだな」と思った。

「すみません、迷惑をおかけしました」

ツヨシは再び謝罪した。

「いえいえ、大丈夫です。ほんと、私なんかおっちょこちょいで、嫌になっちゃいます」

ツヨシは彼女が持っていた1枚のチラシに目がとまった。そのチラシは、何かのセミナーを告知する案内状のようだった。「人生を自由にデザインする～今こそ、自己覚醒の時～」と大胆な文字が目に飛び込んできた。

「人生を自由に……デザインする……？」

ツヨシはそのフレーズに直感的にものすごく惹きつけられるものを感じた。たしかに、家と仕事を往復しているだけの日々を送っているからこそ、無意識のうちに自分でブレーキをかけてしまっているのではないか。自分の人生を自由に思い描けていないことが、上手くいかない現実を創っているのかもしれない。ふとそんな思いがよぎる。

「もしかして……このセミナーに興味ありますか？」

彼女はツヨシにチラシを見せながら尋ねてきた。

ツヨシはそういった自己啓発系のセミナーには過去の経験から、あえて興味を持たないようにしていたが、変化のない最近の生活に嫌気がさしていたし、アマビエがいなくなって、そろそろ何か新しいことを試してみたい思っていたところだった。

なにより、こんな素敵な人が参加しているものなら、なにか学びがあるはずだ。

「すごく、あります！」

ツヨシは思い切って答えた。

彼女の顔がパッと明るくなり、無邪気な笑顔をみせる。

「すごい偶然！　こんな出会いもあるんですね。あ、そうだ。名乗りもせずにすみません。私、シオリっていいます」

それを聞いた瞬間、ツヨシはシオリとの出会いに何か特別な縁を感じた。

セミナーに参加して夢を追う

シオリの紹介で参加した初心者向けのセミナーは希望に満ちた内容で、ツヨシは心が踊るのを感じるとともに、『人生のストーリーを描き主人公になろう』という教えにすっかり心酔していた。この頃には、モテツボやアマビエのことはすっかり頭から抜け落ちてしまっていたのだった。

そしてツヨシはかつての自己啓発の知識を武器に、成功を目指さず向上心を持たない人や、窮屈な生き方に甘んじている人を「社畜」や「奴隷」と呼び、見下すようになっていった。

シオリとの関係は大きく進展は見られないものの、セミナーや懇親会で一緒になる機会も増え、カフェで近況報告をするようになった。

そんな中でのある日のこと、ツヨシは仕事で念願だった大きなプロジェクトを任されたことをシオリに報告した。

「男性が夢を追って挑戦している姿って格好いいです！」

シオリはツヨシの変化を心底喜び、応援しているからこその発言だったのだが、ツヨシはすっかり舞い上がってしまった。

それからというもの、セミナーに参加している仲間たちとの会話でも、ツヨシはなかなか挑戦しない人や結果を出せない人を馬鹿にし、批判的な発言が目立つようになっていった。

周囲との距離感が生まれる

「一緒に頑張ろうって言っていたのに、君たちは何の結果も出せていないじゃないか。結果を出している人にくっついていれば自分もおこぼれにあずかれるとでも思っているのかい？　そんな根性だったら、何をしても成功するわけないよ。中途半端な目標設定だからダメなんじゃないのかな。今月中に何を達成するのか紙に書き出して取り組んでごらんよ。そうやって本気を出さずに毎日をダラダラ過ごしてしまっているんじゃないのかな？」

アドバイスの押し売りのようなツヨシの態度は周囲の人々との関係を悪化させた。セミナー仲間たちはツヨシの言動の変化に困惑し、交流を避けるようになってしまった。ツヨシは日々募る孤立感に焦り、現状を変えたいと思うようになっていった。

それと前後してシオリともセミナーで顔を合わせることがなくなった。

ある日、セミナー講師から「君は間違っていない。むしろ群れるより、孤独に生きなきゃダメだ。

しがらみがないからこそ、どんなことだってやれるんだ。君が孤立を感じるのは、一般向けのセミナーに参加しているからだよ。そうだ、僕の特別なコミュニティーに参加することをオススメするよ。すでに成功している自由な人から直接学ぶことができるぞ」

と、自分には縁がないと思っていたVIPプログラムを勧められた。

ツヨシは迷いつつも高額なプログラムに意を決して申し込んだ。正直、サラリーマンにはかなりキツイ金額だった。が、もう後戻りはできない。一心不乱に成功街道をまっしぐらに進んで行くんだ！と意気込んではみたものの、現実は甘くなかった。

日々の生活が厳しくなり、ツヨシは節約しながらセミナーに通い続けた。

出されるワークをこなし、懇親会や2次会、3次会はすべて参加した。海外でのリーダーシップ研修などもフルで参加し、徹底的に自分の器を広げるためにすべてを費やした。

自分が成功するのを夢見て……。

いつの間にか、ツヨシのクレジットカードはリボ払いの上限に達していた。食事は簡単なパスタで済ますようになり、会社やプライベートの付き合いも、すべて断るようになっていた

ツヨシ、救急搬送される

電気やガスも頻繁に止まって、カード引き落とし日が近づくとストレスで寝られなくなった。胃痛

のせいで食欲も低下し、肌が荒れていった。

仕事にも身が入らず、ミスを連発した。

ある日、出勤途中の電車で倒れて救急搬送されてしまった。

血液検査の結果によると、血球数や肝臓をはじめ、色々な値が悪くなっていて、「いつ倒れてもおかしくない状況だった」とのこと。ただ、しばらく安静にしていればいいだろうということで家に帰ってきた。

入院になっていれば、100%親に連絡が行っていただろう。今年、還暦を迎える母さんに余計な心配をさせなかっただけでもラッキーだった。でも、担当のドクターから、くれぐれもストレスを溜めず、睡眠時間と食生活に気をつけるようにと指導を受けた。

体調は思わしくないが、高いお金を払ってしまっているからセミナーには参加しないともったいない。そんな思いで参加した甲斐あってか、その日はシオリも参加していた。

セミナーが終わってから、半ば強引にシオリに時間をつくってもらって、懇親会前にカフェで今の状況を聞いてもらった。

愚痴るツヨシ

ツヨシは、思っていることをすべてぶち撒けた。

・セミナー仲間との人間関係がうまくいってないこと
・お金が厳しいこと
・ストレスのあまり救急搬送されたこと

ほぼほぼ愚痴だった。それはわかっていた。思ったとおりにならないことを周りのせいにしてしまっているだけだったが、喋り出したら止まらなくなってしまった。とにかく誰かに苦しさを受け止めて欲しかった。

シオリは最後までツヨシの話を聞いた後、険しい顔つきで、重々しく口を開いた。

「わたし、あなたのママじゃないの。自分のことを棚に上げて、何々をしたのに何々してくれないとかって、自分勝手に都合よく考えすぎよ。不都合はすべて周りのせいにするのって、一番ダサいよ」

そういうと、懇親会の時間だからと言い残し、シオリは行ってしまった。

ツヨシは反論もできず、椅子に崩れ落ちて呆然としてしまった。胃を鷲掴《わしづか》みされたようなギューとした痛みが襲ってくる。血の気が引き、具合も悪くなってきた。

カフェで少し休んで、懇親会はパスして帰ることにした。

家に着くといくらか具合がよくなってきた。シオリの言葉がボディーブローのように効いていたから、全然大丈夫ってことはなかったが、今までを振り返るキッカケにはなった。

ヘロヘロになりながらも、今の感情や状況をペンで紙に書き殴り、少しでも客観的になれるよう整理してみた。やっぱり、お金に追われる状況が一番のストレスだとようやく認めたツヨシはＶＩＰプログラムの残りの日程をキャンセルすることに決めた。

「今は、一旦リセットして、また余裕が出たら出直そう……」

不甲斐ない自分を責めつつも、現実を見ないと明日の飯にもありつけない状況だ。

今の状況をセミナー講師に説明して返金をお願いするメールを送った。きっと、自分の窮状を理解してくれるだろうと思っていた。

でも、その返信は、ツヨシの甘い期待を裏切るものだった。

「そんな根性だから成功しないんだよ！」

そのメッセージを読むやいなや、全身が冷たくなり、息苦しくなった。吐き気をもよおすほど手足は痺れて、身体を丸めていないと呼吸もままならない状態になってしまった。座っていることもできず、なんとか布団を押入れから引きずり出し、横になる。

「うっ、ううっ……」

布団をかぶると自然と涙が溢れ出す。ツヨシは嗚咽《おえつ》混じりに泣きじゃくった。

横になりながら、最近の自分が走馬灯のように脳裏に浮かんだ。

自分が今まで他のセミナー参加者に取っていた態度を振り返り、セミナー講師と同じようなことを言って、相手を傷つけていたかもしれないとようやく気がついた。

でも、どんなに素晴らしい教えだったとしても、人間関係がおかしくなって、自分の日常生活までもが成り立たなくなるのは、そもそもなにかがおかしい。そう思ったツヨシは、参加していた自己啓発セミナーから距離を置く決心をした。

その晩は、いつもハイボールにするウィスキーを瓶ごと飲んでみた。一気に酔いが回り、何が何だかわからない思考状態に陥ったが、現実逃避には成功した。しばらくすると、急に気持ち悪くなり、現実に引き戻された。朦朧《もうろう》とした意識の中で財布に忍ばせ、携帯していた胃薬を探していた。

胃薬、胃薬、胃薬……

探しても胃薬は出てこず。出てきたのは、またしても「アマビエ」のカード……。

「アマビエ……モテツボ……」

記憶はそこまで途切れている。

I'm Back

「起きんかい！！！　このドあほ！！！」

二日酔いのひどい頭痛の中、甲高い声がめちゃめちゃ頭に響く。なんだこの不快な声は。

酒のせいで腫れぼったい目を開けると、目の前に見慣れたオネエの妖怪が座っていた。

「はぁ、情けないわ……モテツボという、伝家の宝刀を授けたにも関わらず、このザマはナニよ。アタシ、リフレッシュ休暇中だったのに、アンタのせいでまたここに戻されちゃったじゃない！！！」

アマビエが怒り狂って、ギャーギャー騒いでいる。ただ、ツヨシは二日酔いがひどすぎて、とても話を聞ける状態じゃなかった。頭は耐え難い痛みに割れそうだし、胸も焼けるように痛い。全身が怠く、気分も最悪で、ただただ、うずくまっていたかった。

アマビエが現れる法則

「もうわかったでしょ、どういう時にアンタの前にアタシが現れるか」

アマビエが何を言っているのか理解できない。それに、体調が悪すぎて、今はそれどころじゃなかった。

「まったくわかりません……」

「まぁ、そうだわね。わかっていたら、アタシはここにいないもんね」

アマビエは怒り心頭といった具合で、腕を組んでツヨシを睨みつけていた。

「……」

「いいわ、ハッキリ教えてあげる！　ズバリ、アンタの五行の気が乱れまくっていると、アタシが現れんのよ！」

静かにアマビエの手がツヨシの背中に触れる。その瞬間、なんともいえない温もりと、優しいエネルギーがツヨシを包み込んだ。

この感覚。どこかで身に覚えがあるような気がした。「母さんだ……」ツヨシがまだ小さいころ、風邪を引いて寝込んでいるときはいつも、母が背中を優しく撫でてくれていたのだ。この感触はまさにそのときのものだった。すぐに体が軽くなり気分の悪さや頭痛がすうっと薄れていった。

「ああ、楽になってきました……」

「あったりまえでしょ！　誰が手当てしてると思っているのよ。アタシ、疫病退散！　アマビエ様よ！！　不調くらいは朝飯前なのよ」

やっぱり、アマビエって能力あるんだな。

「こんな感じかしら！　もう少しすれば、もっと気分がよくなるわ！」

不快感が消え去り、身体がすっかり落ち着いて静かになった。

「モテツボを伝授してからちょっとの間だけだけど、アンタ、しっかり実践していたわよね」

「はい……、その後でアマビエがいなくなって……モテツボへのモチベーションも下がってしまって、妖怪不信に陥ってしまいまして……」

「アンタ、ほんとうにアタシがいないと何もできない子なのね。ちなみにアタシは妖怪じゃなくて、精霊ですから！」

「はい、ごめんなさい……」

つい、募っていた不信感から、余計なことを口走ってしまった。

「アタシがプロデュースしている温浴施設でモテツボを伝授したとき、もう既にアンタの五行の気はいい感じに整っていたのよ。だから、もうアタシのミッションはあの時点で終了だったわけ。新宿でお別れしたのが最後の別れだったの、本当はね。なのに、アンタってば、モテツボをほっぽり出して、セミナーに通い出したのよね。ほんと、バカだわ」

……本当のことなので、ツヨシは何も言い返せなかった。

勘違い野郎

「アンタ、まさか、もしかして、あのセミナーが悪かったんだって思ってないでしょうね」

「えっ?!」

ツヨシは思わず声を上げた。

時系列的にも間違いなく、自己啓発セミナーが悪かったんだよな。精神的にも肉体的にも、金銭的にも、何もかも追い詰められて、仕事にも手がつかない状況に陥ったんだから……。

「もちろん、すべてが正しいってわけじゃないわよ。でもね、セミナーの内容は素晴らしいものだったはずよ。セミナーそのものが悪かったわけじゃなくて、結局はアンタのメンタルの問題だったわけ！」

「そうなんですか?!」

「そうなんですか?!　じゃないわよ！　アンタのメンタルが安定していたらモテツボだって続けていたでしょうに。モテツボを押さなくなったから、五行の気が乱れて、判断力が低下して、シオリが自分に気があると勘違いして、格好つけようとセミナーにハマちゃったのよ。そもそも女の子目当てだったから、話の内容もちゃんと聞かずに勘違い野郎になって、人生が崩壊したんでしょ。調子に乗って失敗する典型的なパターンね」

アマビエが容赦なくツッコンでくる。

「モテツボを続けていたら、この状況は回避できたんですか？」

「当たり前じゃない！　でもね、そんなことを今更言ってもアンタは続けられなかったんだから、根本的にメンタルを変えていかないと、また同じことを繰り返すわよ」

もう、あんな経験は二度としたくはない。いったい自分は何をやっていたんだろう。頑張っていたはずなのに、すべてが打ち砕かれたような惨めな思いは真っ平御免だ。

道具は使う人次第

「アンタ、前に、将来の在りたい姿を明確に描いたじゃない？　現実はそうならないかもしれないけど、ワクワクしながら書き出したでしょ？　そして、アンタはそれをスマホの待ち受けにするくらい気に入ってたはずよ」

そうだった。モテツボを伝授される前、スマホを開くたびに自分の在りたい姿をイメージして、気分を高揚させていた。だけど、アマビエが姿を消し、セミナーに通い始めたころ、スマホの待ち受け画面はセミナー主催者とのツーショット写真になっていた。今は、金運がアップするという黄金の龍のイラストになっている。

「なんでもそうだけどね、よい教え、よい方法論、よい技って、使う人がダメだとなーんの効果も出ないのよ」

でも、実際にモテツボが効いていたかどうかなんてわからないじゃないか。効果なんて測定しようがないし、アマビエが適当なことを言っているのかもしれないし。

「アンタ、この前の健康診断結果、持ってきなさい！」

健康診断って、いつもロクに開かずにどこかにやってしまうんだよな……。

数値が悪いと精密検査が必要だとかなんとか言う割に、じゃあどうすればいいのかと聞けば、しっかり食べろとか、運動しろとか、あたりさわりのないことしか言われない。正直、20代のころに戻れるわけがないんだから、数値が悪くたってそんなの老化現象の範疇だ。

「こんなことにも言い訳して自分を守ろうとしているんじゃないわよ！　ちゃんと見なさいよ！　現状から目を背けていたら、対策のしようもないじゃないの」

健康診断の結果なんて、見たって別にわかりもしないんだから、どうでもいいだろうと思ったが、郵便の山に埋もれていた封筒を引っ張り出して開けてみた、

あれ？　思ったよりも悪くないぞ！

なんだかんだで、すべてギリギリ基準値内に収まっているではないか……。

「アンタが健康診断を受けたのが、モテツボを押していた時期よ。その数値はそのときのもんね」

なんだコレ？　セミナーにハマる前はこんなによかったんだ。

「ちょ、ちょ、ちょっと自分でもビックリです……」

「アンタ、その前に海に行ったり、山に行ったりしたでしょう？　それに、温泉入ってサウナ入って整えてって、さらに律儀にモテツボを毎日押してって、なんだかんだで健康的な生活を送っていたのよ。そりゃあ体質だって少しずつ改善されるわ」

ツヨシは、健康診断の結果が思ったよりよいことに驚いていた。モテツボを意識することで心にも身体にもいい生活習慣を送れていたようだった。

「でもね……、今のアンタが健康診断受けたらきっと酷《ひど》いわよ。アタシが現れているってことは、五行の気が乱れているってことだから。その影響は全身に及んでいるはずよ」

「……、やっぱりモテるためには健康って大事なんですよね？」

「当たり前でしょ！　不健康でモテてる奴がどこにいるっていうのよ！　逆に言えば、心と身体が健康ってだけでめちゃくちゃモテるんだからね」

スポーツ選手、アーティスト、モデル、芸能人、経営者……、歳を重ねてもモテるイメージのある職業って、たしかにどれも身体が資本の仕事ばかりだな。と、ツヨシは思った。

「血液検査のデータがよくなっていたってことは、人間関係も運気も間違いなく上向いていたはずよ。アンタが気づかないうちに変化が起きていたのよ、確実にね」

本当にモテツボで人生が変わることができたのか……、でも、あまりにも話ができすぎているんじゃないか？　後からならなんとでも言えるはずだ。それに、秘密結社にしか伝わってないような、もっとハイレベルな考え方や教えがあるはずだ。ツボさえ押せばいいなんて単純な話があるわけない。

自分の姿は自分では見えない

過去、セミナーに多額の自己投資をしてきたツヨシは、アマビエの話を素直に聞くことができないでいた。

「それなのに、アンタときたら、モテツボをサボって、生活も五行の気も乱れてかけていたときに、女にのめり込んで、セミナーで調子に乗って無茶して、完全にぶっ壊れちゃったじゃないのよ。もう、ここまでくると、見事としかいいようがないわね！」

反省の色が見えないツヨシに対し、何度も同じこと繰り返すアマビエ。

「自分のことは自分が一番わかっていると思うかもしれないけどね、自分の変化ってなかなかわからないものなのよ。最初は周りが気づき始めて、自分が気づくのは、最後の最後よ」

たしかに、自分自身のことは変化に気づきにくいのかもしれない。逆に、久しぶりに会う人ほど、変わりっぷりがよくわかるものだ。

「逆にね『自分は成長した！』なんてセリフを言う人は信用しないほうが賢明よ。成長っていうのは、人から『随分、変わりましたね』って言われてから気づくくらいが本当の成長なんだから」

アマビエの言葉を聞いて、しばらく考え込んだ。これまでの自分はあまりにも結果を早く求めすぎたり、一喜一憂しすぎていたりしたかもしれない。

アマビエは微笑みながら、ツヨシに語りかける。

「人生は、少しずつ変化していくのよ。これからまたモテツボを再開して続けるなら、もちろんよい方向に向かい始めるわ。健康面以外にも確実に変化が起きるわよ。それを焦らずに楽しみに待つことね」

昔から、気が短く、早く結果を出したいと焦ってしまう癖がある。もちろん、その気質がハマる場合もあれば、独りよがりになっているところもあるんだろうな。それにしても、いつからこんなに気が短くなったんだろう。

取り越し苦労は逆効果

アマビエは、ツヨシの疑問に応えるように、話を続けた。

「取り越し苦労って、結構やってしまうものなの。だけど、不安って大きくなりやすくて、人によっては冷静に考えられなくなるし、居心地も悪いから早く解決しようと焦っちゃうの。実際には何も起きてないのにね。そんな風に起きてもないことをアレコレ対処しようとするのって、周りから見たら

『アタフタしている』ってなるわけよ」

やっぱりアマビエはすべてお見通しだ。あの時はなんで皆助けてくれないんだと思っていたが、そりゃ勝手に墓穴掘ってるわけだから「知らんがな」って感じだったのだろう。

「未来って何が起きるかわからないから未来なのよ！　確定した未来なんてないのよ。無限の可能性があるわけ！　でも、取り越し苦労って未来のネガティブ要素だけ取り出して、自分で勝手に不安になっているだけなの。彼女ができなかったらどうしよう。一生独りだったらどうしよう、老後に病気になってお金もなくなったらどうしようって想像して、自分から苦しむって、どんだけマゾなのよ！」

アマビエの言葉は真理だった。たしかに未来は何も決まっていない。未だ来てないだけだ。それなのに、過去の失敗やネガティブ思考にとらわれ、不安をベースにした言動ばかりだったことを自覚した。

「それって、傲慢すぎるでしょ！　未来に何が起きるか予想できますって言っているのと同じなんだから。アンタ、神様にでもなったつもり？、それに、自己中もいいところだわ。自分の心の安定のために、ギャーギャーわめいて、騒ぎ立てて、何か起こったらどうしよう！　って、そんなのは肝っ玉も何もかもがちっちゃすぎるわよ」

アマビエが戻ってくるやいなや、次々と容赦ない言葉を浴びせられ、胸中で何も思わないでもなかったが、どん底まで持ち崩してしまった今となっては、アマビエを頼るほかなかった。

壁を乗り越える強さ

「あの、僕はこれから一体どうしたらいいんでしょうか」

「というか、その前に、アンタ、今、自分がどういうところにいるかわかっている？」

「……どん底、でしょうか」

「まあ、そう思うのも無理ないわね。ただ、気持ちはわかるけど、どん底ってのは、そんなもんじゃないわよ」

アマビエが何を言いたいのか、いまいちピンとこない。

「アンタはね、壁にぶつかったのよ！」

「壁……、ですか？」

「あのね、目標を持ったら必ず、壁が現れんのよ！　自分がよりよく生きていこうと考え始めたら、必ず現れてしまうもの、それが、壁よ！」

こんな状況に陥っても、導いてくれようとしているアマビエにツヨシは心から感謝し、姿勢を正して次の言葉を待った。

「目標があるのに壁が現れなかったら、逆におかしいでしょ！　壁は、よりよい人生に向けて歩み始めている証しなのよ。今の自分の限界まで頑張ったってことだから、誇りに思っていいわよ！」

「ドリームキラーみたいなやつでしょうか」

「ドリームキラーとは、ちょっと違うわね。ズバリ壁そのものって感じよ。乗り越えるか、引き返すか、2つに1つ。でも、引き返して、目の前の課題を先送りにしたり、違う方法を模索したりしても、しばらくすると、また同じところで同じ課題にぶつかるの。結局は、乗り越えるしかないわけ。だから壁なのよ」

たしかに、何かを始めると必ず障害が出てくるよな。自分はいつも、ラクなほう、逃げるほうばかりを選んで、元の生活に戻っていってしまっていた。もういい加減、変わりたい。これが、人生のラストチャンスだと思って頑張るしかない。

「そりゃ壁なんか現れないほうがラクよ。そして、誰かの成功を見て、自分もそうなりたい、羨ましいって思うこともあるわよ。それが当たり前。でも、冷静になってみなさいよ？　その人だって、その成功を手にするまでの道のり、簡単ではなかったはずでしょ？　少しでも想像力を巡らせてみればわかるはずだわ」

素直に「羨ましい」と言えるアマビエを羨ましいと思うツヨシ。

「アタシの心のライバル、ハチ公さんの努力ってものすごいのよ！　ぶっちゃけ！　ご主人様が亡くなられた後も10年も渋谷駅で待っていたらしいわ。並大抵ではできないことよ。誰もが羨むような状況を手に入れた人って、まぁ、この場合は犬だけども……、誰もが投げ出してしまうくらいの努力の日々を過ごしているのよ。だから、アタシ達が欲しがらなきゃいけないものは、結果じゃなくて、諦めずに淡々と努力し続けられる強さのほうなのよ！」

アマビエの指摘は、まさしくツヨシに欠けていたものだった。

「結果じゃなくて……、諦めずに淡々と努力し続けられる強さ……、ですか」

「そう、結果なんて目くらましなのよ」

愛するということ

「ところでアンタ、ワンちゃん、知ってる？」

「犬……、ですか？」

「……アンタ、……ハチ公の話の流れから犬の話が続くとでも思ったの……？」

「……すみません」

「ワンちゃんは王貞治くんよ！」

その質問は無茶ぶりでしょ！　流石に知っているよ！！

「野球選手でしょう！　王・長嶋の！」

「そう！　元プロ野球選手で、セ・リーグ初の三冠王達成者！　国民栄誉賞の初受賞者なのよ！　輝かしい結果を残して、プロ引退後は巨人、ダイエー、ソフトバンクの監督もしていたわね。そして、第１回ＷＢＣ日本代表監督で世界一にもなっているわ！」

アマビエはワンちゃん（王貞治）についてのエピソードを続けた。

「ワンちゃんって凄いのよ！　本当に！　80歳を超えた今でも徹底した現場主義で、グラウンドに出てきて現役選手にアドバイスしているのよ！　そんなワンちゃんでもね、２００６年に胃がんになってしまって、現場を一旦離れることになったの。そして２００７年に監督として戻ってきたんだけど、そのときのインタビューが痺れるのよ！」

ツヨシは興味津々にアマビエの話に聞き入っていた。

「野球は勝負の世界。監督も選手も結果がすべてなの。だから、結果が出せなければ、すぐに解雇される。むちゃくちゃシビアな世界なの。そのことをわかった上でワンちゃんは、『また、勝つ喜びと、負ける悔しさを味わいたい』って言ったのよ。勝つ喜びは味わいたいだろうけど、普通、負ける悔しさは味わいたくないって思うじゃない」

「すごいですね」

「ワンちゃん、本当に野球を愛しているのよ。ものすごい境地に辿りついたものよね」

「その言葉はでてこないですよね」

「アンタは楽しいことなら良いけど、嫌なことは避けたいって思っているでしょ」

「……正直、そうですね。しなくていい苦労はしたくないです」

「避けられるなら避けたいっていうのは、もちろんわかるわよ。だけど、そんな風に思ってばかりだと、そのときはいいかもしれないけど、人生のやり残しをつくってしまうのよ！　どうせ後々、絶対にやらないといけない状況が来るの。後になればなるほど、段々キツくなっていくんだから。借金の利息みたいなもんね」

「僕が色々と行き詰まったり、同じような失敗を繰り返したりしているのは、課題を先送りにしてきたからってことなんですね」

壁はステージが変わる合図

「そうよ。人生で直面する出来事には全部意味があるの。なかなかうまくいかなかったり、次々と課題が立ちはだかったりするときは、潜在意識が『そろそろ次のステージですよ』って教えてくれているのよ。そういうときこそ、踏ん張りどきなの」

踏ん張りどき？　じゃあこの失敗はここで乗り越えないと繰り返すものなのか？

「現実がなかなか好転しなくて、逃げたくなっているときこそ、ステージが変わりはじめているサインってことですか？」

アマビエは微笑みながら頷く。

「そうね！　アンタにとって、どうしても欲しいものは、理想の彼女かもしれないけど、相手があることでしょ。だから、うまくいかないことのほうが多いのよ」

「相手があること……」、このアマビエの指摘はツヨシの心にストンと入った。当たり前のことなのに、「自分の理想をすべて兼ね備えた相手」が、どこかにいて、頑張ればその人が自分のことを好きになってくれるものだと都合よく思い込んでいた。

「もし、出会った相手とうまくいかなかったとしても、自分にとっては必要な経験ってことなのよ！　異性にモテ続ける人っていうのは、それだけ恋愛で失敗しまくって、その失敗を糧にしている人なの。アンタがやらかした過去の経験は、将来モテるための栄養なのよ」

「それは、たとえ失敗であってもポジティブに捉えろってことでしょうか」

「どちらかというと、捉え方の問題というより、失敗にしろ、成功にしろ、とにかく経験をして、そこから学べって感じね。これは意識しないとできないことなんだけど、今の自分にとって必要な経験が与えられているわけだからね！　ツラかったと嘆いたり、怒ったりして感情を発散して、今度はもっといい恋愛をすると決意だけしても、意味がないのよ。大事なのは、そこから何を学ぶべきだったかを理解して、成長につなげることなの」

それはそうだ。失敗をしても学ばなければ、また同じ失敗をするに決まっている。ポジティブさは失敗にへこたれないことよりも、失敗から学ぶことに使うべきなんだ。

アマビエは一息入れてから続けた。

「もちろん。それに上手くいかなかったことにどんな意味があるかなんて、正直ず～っと後になってみないと、わからないことも多いのよ。でも、今わからないからといって、意味がないわけじゃないの。間違いなく、自分の人生における意味がわかるときが来んのよ！」

結婚の前提

「恋愛の失敗は、そのほとんどがお互いの未熟さによるものだからね。けどね、アタシは、アンタがフラれることを前提で話しているわけじゃないのよ。理想の彼女をつくってもらって、未熟同士ながらも向き合って、お互いに成長していくような関係を築いて欲しいと思っているわ」

「未熟同士が向き合って成長していくのが恋愛……ですか」

恋愛に対して抱いていたイメージとだいぶ違うことに戸惑った。

「よく成長できる相手と付き合いたいっていうけど、それってお互いの未熟さをさらけ出しながらも、絆を深めていくことなの。楽しいばかりじゃないの、むしろ苦しいことの方が多いかもしれないわ」

まるで過去の自分を振り返るように言葉を繋ぐアマビエ。

「アンタ、離婚の原因第一位って知ってる？」

付き合う前から離婚の話かよ……。

「う～ん、それはやっぱり性格の不一致じゃないですか？」

「さすがね！　その通りよ！　でも、これは付き合ってからの問題じゃなくて、付き合う前からの問題だわ。世の中に自分と同じ存在は２人といない。一卵性双生児すら違う人生を歩んでいるわ。性格の不一致が問題じゃなくて、一致しない２人が一緒に暮らすのが結婚という前提をわかっていないのが問題なの」

失敗しない唯一の方法

「でも、やっぱり失敗は辛いですよ！　なんとか失敗しないでやる方法は無いんですか？」

そんなツヨシにアマビエは粘り強く応える。

「失敗しない唯一の方法はね、何もしないで、何も言わないで、1人っきりで今まで通りのことをやってガードを固めることね。何も変えない日常を意識すれば、失敗せずに済むわよ。だけど、何かをしたり、誰かと関わったり、何かを発言したりすると、未熟なうちは、何かしら失敗をしてしまうものなのよ。自転車と同じようなものね。最初からできる人なんていないのよ、習熟っていう言葉があるように、経験して、習って、熟れていくの」

「失敗を恐れて、傷つきたくないって思ってばかりいると、何も学べないんですね」

「そう、失敗は自分がチャレンジした証なの！　成長のための一歩なのよ。その分だけ目標に向かって進んでいるの。だから、失敗したら、萎縮したり、自暴自棄になったりするんじゃなくて、次からはこうしてみよう！　って考えてみることが大事なの。そうすれば失敗が学びになるわ！」

「そこから何を学ぶかは自分次第ってことですね」

「そうね、魂の成長に終わりはないわ。だけど、人と人との関わりを通じてしか学べないこともたくさんあるのよ」

アマビエはいつも以上に力を込めて、想いを伝えてくれた。

自分に足りないものを他人で補うな

「今すぐに……は、難しいかもしれませんが、今回のことも絶対に糧にしていきます」

「ところでアンタ、理想の彼女はともかくとして、アンタ自身はどんな男になりたいのよ」

「え、僕自身ですか？」

モテたい、幸せになりたいという思いだけに囚われていたから、自分自身に対して立てた目標のことがすっかり意識から抜け落ちていた。

「そうよ。相手に求めるだけ求めておいて、自分はダサいクズ男なんてのが成立するわけないでしょ？　単に頑張っている自分を認めて欲しい！　っていうのも違うわよね」

「はい、それはそれで独りよがりだと思い……ます……」

ツヨシの気持ちを十二分に理解しているアマビエは続けた。

「前にも言ったけど、自分から出た波動と同じもんが同調して引き寄せられてくるのよ！」

「そうでした」と、ツヨシは頷く。引き寄せの法則だったな。

「だから、理想の彼女を思い描いたなら、その彼女に相応しい自分っていうものが、どんなものかを考えなきゃダメね。自分に相応しい相手だけを求めていると、いつのまにか自分に足りないものを補うような相手を『理想』として追い求めるようになるの。ダサくて貧乏な男が、美人で性格の良いどこかの裕福なお嬢さんを『理想』とするようなもんだわ」

「それは、さすがに絶対に無理だと思います」

「でも、アンタがやっていたのは、まさにコレよ。前のカレンさんも、今回のシオリさんにも、住む世界が違うっていうくらい、アンタがついていけなかったのよ。だから、潰れてしまったの」

「……」

ツヨシは返す言葉がなかった。

「自分が望むものって、大抵は自分に欠けているところ、足りないものを無意識に埋めようとしちゃうのね。だから、他人と比べたり、羨んだり、欲しがったりするの」

「だから、どうしても他人に目がいってしまうんですね」

「そう、でも、これって自己評価を勘違いしているのよ。イケてない現実があるのに『私にはこれが相応しい』なんて求めても、絶対に無理なわけ」

「僕の場合は、自分がさしてファッションや美容に興味がないのに、ビジュアルが大事なんて思い込んでいたから、いいなと思う相手が現れても、あんな現実を引き寄せる結果になってしまったってことですね」

「よくわかっているじゃない。そういう意味では、なるべくしてなったといっても過言ではないわ。

引き寄せってこういうことなのよ。で。大事なのはそこから何を学ぶかね」

「はい、今までだいぶ勘違いしていたかもしれません。こんな現実望んでないって思っても、実際は自分の在り方がそうじゃなかった。だからあの結果が必然でした」

自分に起きた出来事をちゃんと受け止めているツヨシをみて満足するアマビエ。

「間違った自己評価は、うまくいかない現実でもって、うまくいかないことを教えてくれるのよ。その現実から学ぶことで、自己評価を修正して、よりよい未来に向かっていくの」

「目的地が定まっていても、そこにいくルート設定が間違っていたら、永遠にたどり着けないですもんね」

「そうね、だから、アンタ自身が思い描く理想の相手に相応しい男として、どう在りたいか、どんな男になりたいかを聞いたわけ」

「わかりました。もう一度書き出してみます」

ツヨシは向こう10年間でどんな自分になっていたいかを考え、そこに向かって進んでいく自分の姿を思い描いた。

成長はいきなりやってくる

「お、ちゃんと書けているじゃない！　ちょっとずつ行動して、経験して、自分の世界を広げるのよ。

そうすることで、いろんなことがアンタの人生に飛び込んでくるようになるわ。実際のところ、成長って正比例の直線グラフみたいになってないの。階段状、つまりステップライングラフになるの」

「ステップライングラフ？」

「階段状のグラフのことよ！　物事には原因と結果があるけど、その2つの間はいくつもの不確定要素があるから、原因が動いても、結果は不規則に上下するのね。意識してないだけで、実際はかなりの割合でそうなのよ？

ラブストーリーじゃないけど、物事は徐々にではなく、突然起こるもんなのよ。勉強もそうね。コツコツ続けていると、ある時、急に成績って伸びるものでしょ？　かける労力と結果は比例しないってわけ。やればやるだけ結果が出ると思っていると、どこかでそのギャップに心が諦めてしまうのよ。人生は経験値を貯めれば必ずレベルが上がるＲＰＧじゃないからね」

「でも、目に見えて成果が出ないと気持ちが焦ってしまうんですよね……」

「それは、ビギナーズボーナスを成果と勘違いしていたわね」

「ビギナーズボーナスですか？」

「そりゃ、何もやってなかったんだから、『何か』をやれば、成果が出たって思うわよね。でも、それは続けることで手に入れた成果とかじゃなくて、ただ単に取り組んだことによる効果なわけ。もちろん、努力して一生懸命やっているのに、全然成果が上がらない時期ってあるわよ。そこで諦めてしまうのよね。それって、最初こそ取り組んだことによる効果で浮かれるけど、次第に、この方法は自分にあってない、やっぱり自分はダメなんだって投げ出しちゃうのよね」

「そうです。そうです」

「いいこと、成果や変化っていうのは、ある日突然開花するの、取り組みが実る手前で諦めていたら、1つもモノにならないのよ」

下手に考えずに動く

「そういうときの心構えみたいなものはありますか？」

「壁にぶつかったときは、頭で考えていたらダメなの！　絶対に迷うからね。これで良いのか？　もっといい方法があるんじゃないか？　とかどーでもいいことで悩み始めるのよ。そしたら、せっかくの勢いも止まってしまうわ！」

ツヨシはモテツボをサボり、自己啓発セミナーに通い始めたときのことを思い出していた。

「頭で考える前に動くのよ！　もう、脊髄反射でモテツボ押すの！　動いてから考えなさい！　動かないと、何も変わらないからね！」

「わかりました、成果を気にせずやり続けることにします」

「あとは、やる気っていうものはね、実際に動いてないと出てこないものなのよ！　やる気になったら動くんじゃないの。動いているから、やる気がどんどん出てくるのよ！　やる気なんて待っていたら、人生終わっちゃうわ！」

ツヨシの表情から以前の決心が戻ってきたのが見て取れた。

もっと！　もっと！　モテツボ！

「じゃあ、今回は、モテツボをもっと効かせるコツ、教えまーす！」

想定外のアマビエのリアクションに胸を膨らませながらお願いした。

「よろしくお願いします！」

「アンタはただ漠然と押しているかもしれないけどね、同時にそれがどうやったら効くかを考えないとダメなのよ。モテツボは押すことが目的じゃないからね」

「え、どういうことですか？」

「モテツボだけじゃないのよ。やり方を自分なりに考えて取り組めば、何をやっても実力を伸ばすことができるの。言われたとおりにやっても、ちょっと環境が変わったら対応できなくなるんじゃダメなの」

言われたことをただやればよいと思っていたツヨシには目から鱗だった。

「魚そのものにも価値はあるけど、釣り方にはもっと価値があるのと同じね。人それぞれの得意な釣り方があるから、自分なりにコツを掴んだら、得意なパターンに落とし込むわけ。そしたら何匹でも魚を釣れるようになるのよ。全部をやろうとしなくていいんだからね」

「彼女が欲しくて、ネットでデートプランの立て方や、流行りのお店なんかを検索してみたりするんですけど、そのままやったら駄目ってことですよね？」

ツヨシはド直球の疑問をアマビエにぶつけた。

ホームで戦え

「そうね、ありとあらゆる引き出しを身につける必要はないわ。得意なものを一つ身につければ十分なのよ。たとえば渋谷の飲食店だったら、和洋中すべてを網羅する必要はないの。1店舗だけでいいからとっておきのお店があれば、デートの成功確率もあがるでしょ？　ホームグラウンドで戦うようにすればいいのよ」

「自分にあった戦い方をすればいいってことですね」

「そう。いくらおしゃれなバーを調べてそこにいけたとしても、ビールかハイボールくらいしか注文できないでしょうよ」

「たしかに。それ以上話を膨らませられる自信がありません」

「無理する必要はないわ。自分が狙っているのはオンリーワンの彼女なんだから。相手に合わせるんじゃなくて、自分のとっておきをぶつけるのよ。それで相手が喜んでくれたなら最高じゃない！

逆にそれで空振りするようなら、お先真っ暗よ。自分を殺してまで相手に合わせる必要なんてないんだからね」

「わかりました！」

答え探しは不安の始まり

「アンタは不安になると、すぐに正解を確かめようとするけど、その不安は内側から湧いてくるものだから、いくら外に何かを求めたって絶対に解消しないの。実際の成長っていうのは、独りでモテツボに向き合っているときに訪れるの。自分に向き合いながら、どんなことを考えているかが、めっちゃくちゃ大事なんだからね！」

独りでいるときか……、気がつくとすぐに不安で頭がいっぱいになっているかもしれない。

「アンタが考えきゃいけないのは『何をやるか』じゃないのよ。自分なりに向き合って『どうやるか』なの！」

そう言うと、アマビエの姿が突然消えた。

……ツヨシは少し寂しさを感じつつも、新たな気づきを胸に秘め、モテツボに取り組み続ける決意を固めた。次にアマビエに会うことがあれば、ツヨシは少しでもいい報告をしたいと思った。ツヨシはこれまでの生き方を反省し、ツボを押すという小さな一歩からはじめることにした。

第5章　覚悟のすすめ

嵐の前の静けさ

アマビエが姿を消してから1か月が経った。その間もアマビエの教えを守って、自分を磨き続けていた。生活にメリハリが出て、休会していたスポーツジムも再開した。

自分なりの押し方を意識しながらモテツボを実践していると、自分のパフォーマンスが底上げされるのを感じる。身体を動かしているからか、以前よりも疲れにくいし、精神的なアップダウンもほとんどなくなった。

そんなある日、出社するやいなや岡野部長に呼び出された。

何だろう？　この間のプロジェクトは無事成功したし、新規のプロジェクトも始まったばかりだ。進行中の長期プロジェクトも一旦はクライアント待ちだから問題ないはず……。もしかして、昇格か？

いずれにせよ、部長直々だからよほど大事な話なんだろう。

ツヨシはそんな淡い期待を胸に会議室のドアをノックした。

「失礼しまーす。部長、お呼びでしょうか」

「斉藤くん、さしすせ損保の担当役員がご立腹で、うちとの契約を打ち切りたいと言ってきている。あそこの仕事は、うちの部の年間予算の3分の1を占めているのはお前も認識しているはずだろう？午後イチで緊急の役員会なんだが、一体どういう経緯だったのか詳しく聞かせてくれないか。私が説明しなくちゃいけないんだ」

岡野部長の話が理解できず、パニックになりそうになるのを必死で抑える。心臓がバクんとなって、変な汗が噴き出してきた。

「えっ?!　ど、どういうことですか？　何のことだかサッパリわかりません。さしすせ損保のプロジェクトは全く問題なく進んでいるはずですが……」

ま、まずは現状確認からだ。誤解があるようなら、ちゃんと説明しなきゃいけない。

「クライアントが指摘した部分がまったく直ってないまま放置されている上に、要件定義で決めたデザインとまったく違っているみたいだ。先方の作業スケジュールも迫ってきているらしく、どうなっているんだって言ってきているぞ」

そんな話、聞いてないぞ。デザインは修正案を提出して確認待ちのはずだ……。

すぐにスマホでメールのやり取りを確認してみた。

あっ！　マジか……。

さしすせ損保の担当者とのメールのやり取りが、こちらが返信しないで、止まってしまっている。最後のやり取りの日時をチェックすると、自己啓発セミナーの支払いに追われて、救急搬送されたころだった……。

「斉藤じゃ、話にならないからって、先方が直接電話してきたんだよ」

「とにかく、今から一緒に謝罪に行くぞ！」

「は、はいっ！」

この一言を絞り出すのが精一杯だった。

部長とツヨシ

すぐにタクシーを呼んで乗り込んだものの、岡野部長は眉間にしわを寄せ、腕を組んで思案している様子で、とても話しかけられる雰囲気ではなかった。

部長は、仕事をイチから教えてくれた大恩人で、入社当時から何かと目をかけてもらっていた。この人の顔には泥を塗るまいと思って仕事をしてきたほどだった。昔からツヨシのことを評価してくれていて、大きなプロジェクトを任せて、経験を積めるよう社内調整をしてくれたのも風の噂で耳にしていた。

それなのに、息を殺して、黙ることしかできない自分が情けない。

ツヨシは外の景色を眺めつつ、自分のミスが会社にどれほどの損害を与えてしまったのかを考えていた。部長もまた何を考えているのか、窓の外を見つめたままだった。

とにかく謝ろう。仕事のミスは仕事で信頼を取り戻していこう。ちゃんと話せばわかってもらえる。長年の付き合いがあるからこそ、厳しく言ってくれているだけに違いない。

むしろ、そうであってくれとツヨシは心から祈った。

タクシーが、さしすせ損保のオフィスビルに到着した。ツヨシは外に出て、部長の重たい空気と向き合いながら、覚悟を決めて謝罪の場に向かった。

ツヨシの過ち

「一体、仕事を何だと思っているんだ。子どもの遊びじゃないんだよ！」

「申し訳ございません。再度、イメージを共有させていただき、またイチから弊社で作成させていただけないでしょうか」

さしすせ損保の担当とは、ちょうど自己啓発セミナーに通っていたころに頻繁にやり取りをしていた。デザインのイメージを聞いても、直感的にわかるよう、わかりやすく、自由な感じでお願いしますと言われて、すぐにいくつかのデザイン案を提出したものの、どれもイメージと違うと言われていたのだった。

具体的に見本となるようなものを送ってもらえるようにお願いしても、「そっちはプロなんだから、頼みますよ」の一点張りだった。その後も、具体性のない変更指示をもらうばかりなので、仕方なく修正案を提出したが、それでもケチを付けてくるのでキレ気味に返信したことがあったのだった。

そのときに、自己啓発セミナーで学んでいたことをメールに書いてしまっていた。
・コンセプトを理解しておらず抽象度が低い。

・自分のミッションは何か定まっていないのではないか。
・メッセンジャーボーイみたいな仕事は三流の証拠。
・個人の好き嫌いで意見を言うべきではない。

みたいな内容だった。あのときは、行き詰まっている現状をなんとかしようと、自分なりに考えてのことだったが、冷静に考えれば仕事相手に送るべき内容ではなかった。

そして今、まさにその時のメールを見せられて、呆れたように言われた。

「御社に依頼したのはプロジェクトのディレクションと制作であって、社員研修を依頼したつもりはないんですけどね。オタクのほうこそ自分のミッションが理解できてないんじゃないですか？」

大きなため息を1つついて、続ける。

「もともと弊社でできることならわざわざ高いお金を払って依頼なんかしないわけですよ。長年の付き合いがある御社だからこそ、弊社の理念や顧客の理解があると思って依頼しているわけなのに、この対応ですよ部長さん。部下の言動、把握できていないんですか？」

その後も担当役員の怒りは収まらず、ツヨシと岡野部長に対して容赦ない言葉を浴びせ続けた。プロジェクトの大幅な遅延とデザインの品質不良は致命的だった。

ツヨシの願いも虚しく、契約は途中解約。損害賠償請求もされることになってしまった。

それからというもの、社内ではこの一件をキッカケとした業績悪化により、派遣切りや人員整理の噂が広まっていた。

変なセミナーに通っているようだと同僚たちはあからさまにツヨシと関わるのを避けた。派遣の女の子たちも、ツヨシのせいで自分たちの仕事がなくなるのではないかと、目も合わせてくれなくなった。岡野部長も周りの空気を読んでツヨシを他の案件から外し、仕事といえば過去に担当したプロジェクトのデータを整理するだけの日々が続いた。昼休みも常に独りで、何のために出社しているのかわからなくなっていた。

ツヨシにとってこの状況は耐え難く、毎日のようにストレスで押しつぶされそうになっていた。

ツヨシ、退職を決意する

ある日、また部長に呼ばれた。

ついにこの時が来たか……。

ツヨシは腹を括って席を立った。

岡野部長はツヨシを庇《かば》い、仕事で開いた穴を埋めようと新しい営業計画などを立ててくれていたようだったが、結局、ツヨシを守ることができなかった。

「結論からいうと、これ以上会社には置いてやれないことになった。斉藤、ごめんな」

「いえ、自分のほうこそ未熟でした……こちらこそ、迷惑をかけて申し訳ありませんでした。岡野部長の顔に泥を塗ってしまい……」

声を震わせながら頭を下げる。

部長はため息をつきつつも、ツヨシに優しく声をかける。

「斉藤は優秀なＷｅｂデザイナーだ。マネージャーとしてもレベルアップして欲しいと思って任せたプロジェクトだったが、ちょっと荷が重かったようだな」

涙がこぼれ落ち、声を詰まらせながら、なんとか言葉を搾り出すツヨシ。

「もう一度、謝罪に行かせてください。僕はこのミスから学び……二度と同じミスを繰り返しません……」

「そんなことはしなくて大丈夫だ。まあ、よくも悪くも仕事上の付き合いってものは、そんなもんだからな。だから仕事の中で全力を尽くす他ないんだ。今回のことは、上と掛け合って、会社都合の退職という形にしてもらえることになった。それで、いいな？」

ツヨシの過去の実績を考慮して、自己都合の退職を勧めるのではなく、会社都合にしてもらえるよう話をつけてきてくれていた。最大限の配慮をしてくれたことは、言葉にしなくても十分伝わった。

「今回のことで君の人生が終わるわけじゃない。新たなスタートを切るチャンスでもある。人間万《じんかん》事塞翁が馬。目の前の出来事に一喜一憂するなよ。道はその先も続いているんだ」

「……岡野部長、あ……りがと……うござ……いま……す」

感謝の気持ちが入り混じった嗚咽《おえつ》がこみ上げてきて言葉になっていなかった。

部長の言葉通り、新しいスタートを切るチャンスなのかもしれない。そのタイミングが思わぬ形でやってきただけなのだろう。何より、どんな形でもいいから自分のしでかしたことの責任を取りたかった。

明日から有給を消化することになり、退職予定日まで出社しなくてよくなった。引き継ぎ業務も特になく、整理したファイルをリモートで共有フォルダにあげてくれればいいと言われた。私物はほとんどなかったので、そのまま最後の出社となった。

新たなる日常

誰に挨拶することもなく、オフィスを後にしたものの、何もしないでいいと言われると、逆になにかしていないと気が変になりそうだった。スポーツジムに行って、筋肉をいじめるような無茶な追い込みをしたのち、サウナに入り、大きなお風呂で手足を伸ばした。サウナでも、お風呂でも無意識にモテツボを押していた。かつては押すことへの疑問を感じていたが、今では歯磨きのように、押さない日をつくるのが気持ち悪いくらいになっている。

帰りにコンビニに寄って、いつものハイボールを手に取ったものの、1人で飲む気持ちになれず、以前から気になっていたバーに行くことにした。

バーのある裏通りは人気もなく薄暗かったが、看板を照らす温かみのある光が気分を落ち着かせてくれた。平日の深夜だからか、他の客の姿は見当たらず、マスターが慣れた手つきでグラスを磨いていた。席数こそ多くないものの、居心地の良さそうな空間は、今の自分を受け止めてくれるようだった。

自分よりも若そうなマスターに、いつもはハイボールを飲んでいると告げると「それなら珍しいウィスキーが入ったから、是非、ストレートで飲んでみてください」と勧められた。せっかくだからそれを試してみることにした。

目の前に差し出されたボトルのラベルを眺めてみると、69・2％と書いてあった。シングルモルトスコッチウィスキー・ヴィジュアルフレーバーと大きく書いてあり、エンジンのイラストが描かれている。大丈夫なのかコレ……。

「本当にエンジンオイルみたいな味がガツンと一瞬くるんですよ！　でも、甘みの余韻もあって、クセになる味ですんで、是非！」と言って、ショットグラスで出してくれた。

匂いを嗅ごうとしただけで、ツヨシは顔をしかめた。

飲む前にまず目が痛くなる。目を瞑って一気に流し込んだ。

マスターは何故か嬉しそうに「どうです？　ヤバいでしょ？」と同意を求めてくる。

お世辞にも「美味しい」とは思えなかったので、口直しにハイボールを頼み、2杯で帰ってきた。

ツヨシ、人生最大のピンチ

そういえば、泥酔するまで飲み過ぎたのがキッカケでアマビエが出てきたんだよな。前はイヤなことがあるとすぐにお酒に逃げていたけど、今回はなんとか理性で感情をコントロールできている気がする。ちょっとはメンタルが強くなってきたのかもしれない。

そんなことを考えながら歩いていると、急にお腹が痛くなってきた。

さっきのスコッチが脳裏をよぎる。

あれは本当にエンジンオイルだったんじゃないか？

ツヨシはお腹に手を当てながら、自宅とコンビニのどちらが近いかを考え、少し戻ることになるが、コンビニでトイレを借りるのがベストだと判断した。

下腹部の筋肉に力をいれながら、小走りにコンビニへと急ぐ。

コンビニに到着して、間に合ったと安堵した瞬間、残酷な張り紙が目に飛び込んできた。

「申し訳ございません。防犯上の理由から、深夜の時間帯はトイレを使用中止とさせていただいております。ご理解とご協力をお願い申し上げます」

一瞬で気持ちを切り替えてコンビニを後にしたものの、自宅まで後少しのところで、我慢の限界を超えてしまった。

再会、そして新たな船出

「もう、そんなに落ち込むことないじゃない！」

「38歳にもなって漏らすなんて……、もう人生、終わりです……」

「そんなことないわよ！　たまたまよ！　会社をクビになって、69・2％のスコッチ飲めば、誰だって何らかの不調が出るわよ！」

「……」

必死にツヨシを慰めようと、アマビエはエビデンスを持ってきた。

「ほら、ここにも書いてあるじゃない！」

スマホの画面をチラッと見ると、

『漏らしたことのある人は年収が高いという事実が発見されました！』

と書いてあった。

はぁ、年収どころか、こっちは漏らして無収入になりましたよ。とほほ。

そして、アマビエが現れたってことは、五行の気が歪みまくっているってことじゃないか。

余計凹んでしまうツヨシ。

すぐにシャワーに入って、嫌な出来事を水に流して、新しいパンツを履こうとするが、洗濯物が溜まりすぎていて、パンツが1枚もない。

仕方ない……買いに行くか……。

「ノーパンだと、絶対に負けられない闘いね！　背水の陣だわ！」ってアマビエが玄関まで見送ってくれたが、本当に今度ばっかりは漏らすわけにはいかない。すぐに戻ってこよう。

急な連絡

コンビニに向かって歩いているとスマホからＬＩＮＥの通知音が鳴った。

こんな時間に誰だろうとスマホの画面を確認すると、堀川からだった。

堀川？　あの後輩の堀川か！

俺とは正反対の陽キャで、いつも女子社員を笑わしていたっけ。でも、あんまりにも目に余ることがあって、「職場は遊び場じゃないんだから」って叱ったこともあったな。苦手なやつだけど、才能は確かで、もっと彼の能力を発揮して欲しかったんだ。どこか自分の弟に似ている部分を感じて嫉妬していたところもあったのかもしれない。

叱ったその日は、ちょっと言い過ぎたと思って居酒屋で奢ってあげた。話しているうちに、「今よりもっと小規模な会社向けに、社長と顔を付きあわせながら仕事をしたいんです。それで日本をもっと元気にする役に立ちたい！」って言いだしたんだ。でも、まだまだ口だけで実力が伴っていなかったから、後日、必要なスキルをリストにして手渡したこともあったな。

別部署に行ってからは疎遠になって、確か、数か月前に退社して、自分でＷｅｂデザイン会社を立ち上げたって聞いていたけど……なんの用だろう？

ツヨシは苦手だった後輩からのＬＩＮＥに心を揺さぶられていた。

「どうした？　何か俺に用か？」

しばらくの間、ツヨシは堀川の返信を待った。そして、堀川からのメッセージが届いた瞬間、ツヨシは自分の人生が大きく動いたのだと直感した。

「私だって他人の揉め事に首を突っ込みたくなることもあるんです！」

ツヨシはそのメッセージを読みながら、涙が目に溢れてきた。

「あいつ……」

ツヨシはスマートフォンを握りしめ、感謝の気持ちで堀川に返信した。

岡野部長が堀川に連絡を取ってくれて、ツヨシの今の状況を知ったそうだ。

「斉藤さんには感謝しても、し足りないくらいです。あなたがいなければ、やりたいことを見つけられなかったし、必要なスキルも身につけられませんでした。なにより、こうして独立することなんて夢のまた夢で終わっていたと思います。会社に在籍していたころは斉藤さんの親切に報いることができずに申し訳なく思っていました。今後、フリーになられるならどうか、私の仲間として共に歩んでくれませんか」

堀川の言葉に、これまでの仕事における自分の努力がすべて報われたような気がした。

こんな風にキッカケを大事にするやつだったのか……。俺はアイツのことを勘違いしていたな。

なんとも言えない穏やかな気持ちがツヨシの胸に広がった。

コンビニではパンツ以外余計なものを買わず、急いで家に帰ってきた。

初心に戻れ

部長と堀川が助け舟を出してくれたことをアマビエに報告した。当然、アマビエはモテツボの成果に喜んでくれると思った。

ところが、少し驚いた表情をしたかと思うと、急にしばらく考え込んで、何かを確認した後、言いにくそうに口を開いた

「今までアタシが伝授してきたモテツボだけど、全部忘れなさい」

「えっ？」

これまで一生懸命取り組んできたモテツボを捨てろと言われて、戸惑いを隠せないツヨシ。大きな試練を乗り越えて、いよいよ次は恋愛だと思っていた矢先の発言にハシゴを外された気分になった。今までの信頼の反動で、フツフツと怒りが湧いてきた。

「アマビエが伝授してくれたモテツボってインチキだったんですか？？？」

「すべて本物だわ。でもね、ここでモテツボを捨てないかぎり、本当のモテツボが使えなくなってしまうのよ。これはある意味、アンタがその素直さを活かして愚直にモテツボを押してきたせいでもあるのだけれど……」

言っていることが意味不明だ……モテツボを捨てないかぎり、モテツボが使えなくなる？　俺の素

直さのせい？　どういうことだ？

依存の理由

「正直、言っていることが理解できません。実際モテツボを実践して体調もよくなってきているし、人間関係も以前よりはるかに楽になってきています。クビを宣告されたときも、自暴自棄にならなかったのもモテツボのおかげです」

「そうね、アンタはアタシの言うことを素直に聞いてモテツボの実践を通して、着実に成長しているわ。以前のアンタとは別人28号よ」

「あ、ぁ、ありがとうございます」

「でもね、同時にモテツボに依存しはじめているわ。今回のことだってモテツボのおかげだと思っているでしょ？　この調子で続ければもっと大きなことが起きると期待しているんじゃない？」

「依存ですか……」

今の自分からモテツボを取ったら何か残るだろうか。モテツボという究極の方法を教えてもらって、これがあれば今後人生を輝かせられると思っていたのに、モテツボを取り上げられてしまったら、また元の自己啓発ジプシーの自分に戻ってしまいそうだ。

「アンタにはね、テクニックで相手に対してマウントを取って結果を出そうとするズルさがあるのよ。もっと言ってしまえば、自立してない自分の弱さの裏返しね。無意識かもしれないけど、そこに気が付かないといけないわよ。色々学ぼうとすることは悪いことではないけれど、正面から当たって砕けろ！　みたいなのを避けている自覚はあるでしょ？　テクニックで出た結果を自分の実力だと勘違いしていると、いずれ大きく道を間違うわよ」

ちょっと納得できないぞ。

「テクニックも自分の実力の一部じゃないんですか？」

「モテツボもそうだけど、テクニックっていうのは、自転車に乗れるようになるための補助輪みたいなものよ。最初に感覚を養うためだったり、苦手なところを克服するためのツールなの。補助輪が目的地まで連れていってくれるわけじゃないのは、わかるわよね」

これは確かにそうだ。

「はい、それはわかります。自分で漕がなきゃ前には進みません」

「でしょ？　で、いつまでも補助輪がついていたらどうなると思う？」

そうか、そういうことか！

「身につけるべきバランス感覚を養わないまま、補助輪付きで乗ることが自転車に乗れることだと勘違いしちゃうと思います」

自分の意図が伝わり微笑むアマビエ。

「そうね、アタシが言いたいのはそういうこと。補助輪をいつまでも付けていると、アンタの才能がいつまで経っても皮を被ったままになってしまうのよ」

他に表現がないんかいっ！　と心の中で突っ込むツヨシ。

モテツボの意味

「才能とテクニックはどう違うんですか？」

「例えば、テクニックで女性の関心を引けるとするわよ。アプリに載せるプロフィール写真を加工して、返信率があがるメッセージみたいなのをマスターして、出会えるとするじゃない？　でも、そこから先はテクニックじゃないのよ、アンタの魅力で勝負するの。それは、誠実さだったり、しっかりと話を聞く姿勢だったり、下調べをしておくところなんかもそうね。そういうところを磨いていけば、マッチングアプリなんか使わなくても、自然と縁のある人と出会えていくわ」

それは今までの失敗から理解しているつもりだ。

「いつまで経っても、加工写真とメッセージのテクニックばかりに腐心していると、理想の相手と出会っても、その他の魅力が育っていないから……うまくいかない……と」

「そうよ。そのところが本当の意味で腑に落ちると、もうモテツボなんか使わなくても、自然と人が寄ってきて、モテるようになるのよ」

「モテツボを使わなくてもモテるように……」

「特にモテツボに限って言えば、アンタの乱れまくった五行の気や、ねじくれまくった性格、口癖、考え方なんかを矯正する意味合いが強かったわけ。だから、岡野部長や堀川くんの話を聞いたとき、ああ、アンタは壁を超えたのねって思ったのよ」

自らの才能を自覚せよ

「壁、超えられていたんですか？」

「そうね。バチコーンと超えていたわね。以前のアンタだったら、俺は間違ったことを言っていないとか、トカゲの尻尾切りにあったとか、手伝わずに逃げ出したとか、うまくやりやがって羨ましいとか、そんな悪態ばっかりついていたはずよ」

「めちゃくちゃ目に浮かびます」

「でも、部長の期待に応えようと頑張ったこととか、堀川くんの足りないところを指導したところとかは、全部アンタの才能でしょ？」

「たしかに、モテツボとは関係ないかもしれません」

「ただ、いくらアンタにいいところがあっても、ネガティブ全開だったら、今回の一件はもっと悪くなっていたかもしれないわよ。不当解雇だ！　と言い出していたかもしれないわよね」

「はい、どんな形でもいいから、責任を取りたいと思う気持ちと、自分の未熟さをただただ反省しました」

「そう、その態度があったから部長も根回ししてくれたし、結果、堀川くんも動いたの」

「そうだったんですか！　まさか部長がそこまで……驚きました。でもアマビエに教えてもらってすごく感謝しています。いろんなものが報われた感じがしました」

「ズバリ、アンタ、モテたのよ」

「えっと……、まったく……、わかりません……」

決めゼリフがすべってズッコケるアマビエ。ため息交じりに話を続けた。

「2人がアンタのために動いてくれたことを、モテたと言っているのはわかる？」

「それはわかります」

「モテツボはアンタの才能に光を当てただけなの。でも、才能という種がなかったら育てることもできないでしょ？　アンタがモテたのは、アンタの才能が他人の目に留まった『結果』であって、モテツボでモテたわけじゃないの！」

「才能が目に留まった結果？」

アマビエの言わんとすることはわかる。でもどうしてもわからないことがある。

モテツボでモテたわけじゃないなら、自分に才能があるってことだ……、意外すぎてまったく思いつかない。

「僕の才能って何なんですか?!　教えてください」

ツヨシ、モテる

「アンタの才能は『素直さ』と『育て上手』よ！」

その言葉を聞いて、涙腺が崩壊しかけるツヨシ。

「アンタの『素直さ』と『育て上手』が功を奏して今回の展開になったわけ。岡野部長はアンタの『素直さ』を買っていたわ。新人時代のアンタは変に言い訳したりせずに、これを読んでおけ、学んでおけと言われたことに素直に取り組んだでしょ？　多少の無茶振りだって真摯に取り組んだからこそ、成長も早かったのよ。セミナーにハマらなければ、あの案件だってちゃんとやれていたでしょうね」

「……そんな風に映っていたんですね」

「で、堀川くんはアンタの『育て上手』なところを尊敬していたのね。もちろん、スキルもあるからなんだろうけれど、堀川くんがまだ新人だったころ、彼のセンスに気づいたアンタは、彼にもっと成長して欲しい、活躍して欲しいと思って、彼が身につけるべき最新の技術やデザインのトレンドだけじゃなく、キャリアアップまで考えて、親身に相談にのってあげていたじゃない！　そんな姿を堀川くんはしっかりと感じてくれていたのよ」

「はい……」

声が涙交じりになるツヨシ。

「モテてるじゃない！」

「はい、モテていました」

ようやく納得できた。

「いい？　モテるっていうのは、才能が相手の目に留まるってことなの。そのためには、自分の才能を出し惜しみせず使うのよ。才能はそうやって使うことではじめて磨かれていくの。ある一定のレベルを超えると自然と人が集まってくるようになるわ。そして、人間力も自然と備わってきて、男女問わずに周りに人が集まってくるようになるの」

「あの、もう1つだけいいですか？」

「いいわよ！」

才能の見つけ方

「その〝才能〟っていうのは、どうやったらわかるもんなんでしょう」

「お、さっそくアンタの才能が発揮されているわね。素直に質問するところ、めっちゃいいわね。それと、その質問の意図は、堀川くんのところでこの話を活かしていくためね」

「はい。もし僕の才能が『育て上手』なら、堀川や堀川のところのスタッフの才能も見つけて、今みたいに言語化できれば、役に立つと思いまして」

「ヤバいわね。アンタまじでこれからモテまくるわよ……。モテツボを実践して才能まで開花させちゃったわね」

アマビエは満足そうだ。

「で、才能を見抜くコツだけれど、それは〝こだわり〟ね」

「〝こだわり〟ですか？」

「そう、何事においても『自分だったらこうするんだけどな』という、その人のアレンジや工夫というこだわりこそが才能の源なの。センスといってもいいわね」

「ああ、堀川の仕事にセンスを感じたのは、こっちの想定しているイメージ以上に、彼なりのアレンジや工夫を加えて仕上げてくるのを無意識に感じていたからなのか」

「そうね。センスのある人は、自分以上にセンスのある人を見抜くわ。こいつやるな！　ってわかるのは、その才能があるからこそなのよ。岡野部長がアンタを目にかけたのも、きっと彼も育て上手の才能があるからよ」

「アンタの仕事のセンスは、素直に吸収したことから身についたものだけど、堀川くんの場合は、相手のイメージを具現化する才能からくるものね。『クライアントの要望はそうじゃないと思います』みたいなことを言ってなかった？」

「はい、よく言っていました。その度に『なんでお前にそんなことがわかるんだよ』と思っていましたけど、彼があげてきた仕事はいつも『そうそう、こういうのを求めていたんだよ』と毎度好評だったので、自然と彼のことが疎ましくなっていったんだと思います」

「それは才能への嫉妬ね。仕方ないわよ。先輩は後輩に抜かれていく宿命だもの。後生畏《こうせいおそ》る可《べ》しよ。でも、それは彼の才能が花開くだけの水と栄養をアンタが与えたからなのよ。彼の才能も自分の才能の結果だとわかれば、嫉妬なんかどっかいっちゃうわよ」

「はい、自分の器が小さくて、彼のことを受け止められなかったんですね」

「そうね、モテツボでアンタの器もだいぶ大きくなってきたと思うわよ。あ、でも、アンタ、ケツの穴がちっちゃいのはダメだけど、だからといって、しっかり締めておかなきゃダメよ。じゃないと、また、漏らすからね」

「……今、ここでソレ言う必要ってありますか」

アマビエのハラスメント気質も才能か？

「アラ、悪かったわね。気にしてた？　ホラ、あんまりにも感動的な展開ばっかりが続くと、アタシたちらしくないじゃない？　このあたりでちょっと軌道修正しとかないとと思って」

誰かに向かって謎の言い訳をするアマビエ。

「いずれにしても、これからが本番よ！　アタシから学んだのは、言わばリハーサルみたいなもんだからね。今までは上手くいかないことがあってもアタシに聞けばよかったけど、これからは、全部、自分に聞くのよ！」

「全部、自分に……ですか？」

リハーサルはここまで！

「そう、外に正解があると思うから悩むのよ！　そもそも正解なんてないのに、どこかに正解があるって思うから悩むの！　自分が経験を通して学んできたこと、決めたことが正解なのよ！　誰がなんと言おうとね」

「自分が経験を通して学んできたこと、決めたことが正解……」

「不安になって外に正解を求めてるってことは『結果の責任を負いたくない』っていうズルい心理のあらわれだから！　その気持ちを引きずったままだと決して壁を乗り越えることはできないのよ」

たしかに……万が一、モテツボを実践してもモテるようにならなければモテツボが悪いってことにして、自分の弱さに向き合ったりはしなかっただろうな。今回の仕事のことも、どんな形でもいいから責任を取りたいと思ったから、岡野部長や堀川のことがあるわけで。ただ、それもすべてアマビエに聞けたから気づけたことだ……。

ツヨシの中で急に不安が大きくなってくる。

「自分が経験を通して学んできたこと、決めたことを正解にするってことは、結果の責任はすべて自分が負うっていうことと同じ意味なのよ。上手くいったら、上手くいく方法を学んだ。逆に上手くいかなかったら、上手くいかない方法を学んだっていう風にね。そうやってはじめて自分の才能が磨かれていくの。でも、自分の行動に責任を持てないと、いつも何かのせいにして起きた事を学びに変えられないのよ」

「あ、あの、俺、まだ彼女できてないんですけど！　俺の恋愛の才能って何ですか？」

あらかじめツヨシの質問を予期していたかのように、アマビエが口を開く。

「そう、そういうところよ。これからが本番と言った意味、わかるかしら。恋愛の壁は自分で超えなきゃならないの」

「で、でも……、ちょっとくらい教えてくれたっていいじゃないですか」

さっきまでの自信が急にしぼんでいくのを感じていくツヨシ。

ツヨシに自問自答させるべくアマビエは沈黙を貫く。

……モテツボを実践すると決めて、結果が出ようが出まいが自分で責任を取るようにする。自分の人生なんだから当たり前って言ってしまえば当たり前なんだけど、結果が出ないときや不安にかられたら、すぐに他責の考えが出てきて、自分は悪くないと考えてしまう癖がついていた。そりゃ、人生が好転しないわけだよな。

頃合いを見計らってアマビエは口を開いた。

「いい？　アンタにわかりやすいように仕事の話に例えるけど、給料の高い人の共通点は、責任を取っている人ってことなの。逆に言えば、責任を取るマインドが備われば、自然とお金も入ってくるの。結果の責任を負うっていう覚悟に人もお金も引き寄せられるのよ」

「はい、仕事のことなら具体的にイメージできます」

「そうね、色々経験してきたからイメージできるわよね。岡野さんが部長のポジションにいるのも、堀川くんが独立してうまくいっているのも、すべて結果の責任を負うっていう、マインドが引き寄せた結果なの」

「でも、それって才能があったからじゃないんですか？」

「才能があるだけじゃダメね。さっきも言ったけど、いくら才能があったってそれを磨かなきゃ意味がないからね。モテツボはそれに役立つし、なにより自分の行動に責任を取ること。その姿勢が大事なの」

仕事の話に戻ったことで、冷静さを取り戻すツヨシ。

お前はもう惚れている

「いい、これっていわばモテツボを使う前に、もう既にモテてしまっているという究極の技よ！　北斗神拳に入れてほしいわね、是非！」

「お前はもう惚れている！」

アマビエの渾身のギャグが炸裂してツッコミ待ちみたい

な顔をしているが、あえてスルーした。

「最初は、上手くいかなくて、時間がかかったとしても、とにかく自分になんでも聞くようにするのよ！　そのうちに簡単に答えがわかるようになるんだから！」

「わかりました」

「アタシに相談したら、それはそれでめっちゃ楽よ。でもね、楽して甘えていたら、いつまでたっても、自立できないでしょ。全部、自分の中に答えがあるんだからね」

ツヨシを襲う不安

モテツボを捨てろ。自立しろ。自分で決めたことが正解。この話の流れだと今度は本当にアマビエと一生のお別れが近いとツヨシは直感した。本当に二度と会えなくなってしまう気がして、一気に不安感が胸を覆い尽くした。

「でも、不安ってなくならないじゃないですか、上手くいっていても、これでいいのかなって不安になる。上手くいってなかったら、どうすればいいのかなって不安になる」

どんどんツヨシの胸中に掴みどころのない不安が広がっていった。

「アマビエには、わからないかもしれないけど、不安ってなくならないんですよ」

奈落の底に突き落とされるような恐怖をアマビエにぶつけてしまうツヨシ。

「なんで人を頼ったらダメなんですか？　自立したくて頑張っているのに、依存って言われると、じゃあどうすればいいんですか？　って言いたくなります。自分だって、なるべく自分で考えて、努力して、頑張っているのに、やっとの思いで頼れる人と出会ったら、それを依存だと突き放されて、そんなの酷くないですか？」

思わず涙をこぼしてしまう。こらえにこらえていた悔しさが爆発してしまった。

「今だからこそ、なんとなく言わんとすることはわかります。でも、なくならない不安、募る孤独感と頼りたい気持ち……そういうのは、自分が弱いってことなんでしょうか。もっと頑張れ、努力が足りないってことですか？」

ツヨシは子どもみたいに泣いて悔しがった。

白樺の森の学び、再び

「あらあら、またネガティブな感情に飲み込まれちゃっているじゃないの？　いやーねー」

アマビエのちょっかいを黙って聞いているツヨシ。

「アンタが抱えているもう1つの根深い部分にアプローチするけれど、覚悟はいいかしら」

「なんでしょう？　それを聞けばモテるようになるんですか？」

「そうね、少なくともこれはアンタの恋愛における壁というより、落とし穴ね。ここを克服しない限り、アンタにパートナーができることは絶対にないわ。薄々気づいてはいたけど、先日のシオリちゃんの件で確信に変わったわ」

おいおい、モテツボを捨てろとか、自立しろとか言っておいて、実はまだ残っていました……は勘弁してくれ。しかもこれを克服しない限り恋愛は無理とか、ちゃぶ台返しもいいところじゃないか。

「フフフ、だって、アンタがここまでこじらせているなんて思わなかったんだもの。それにしても『あたし、あなたのママじゃないの』は、傑作だったわね」

「！！！！」

「自分でも気が付いてないかもしれないけど、アンタの恋愛がうまくいかない根本にある落とし穴っていうのはね、母親恋しさからくる幼少期の感情に起因しているのよ」

「え、幼少期の感情ですか？　それってどうにかなるもんなんですか？」

「いや、残念ながらどうにもならないわね。いろんなワークがあるみたいだけど、結局は、心理的安全の問題だから、親子や家族と呼べるほど近しい存在とその不安を乗り越えるだけの関係性を築いていくしかないの。それこそ一生を捧げてくれるような絶対的な信頼が、この問題の克服には必要なのよ」

「それって無理じゃないですか？　恋愛の１つもまともにできないのに、一生を捧げるような絶対的な信頼関係を築けなんて」

「でも、アンタの心は張り裂けそうなほどにそれを求めているのよ。だから、アタシがいなくなろうとしたときに、幼児退行してわめき散らしたりしたの。それは心のＳＯＳなのよ」

「さ、さっきはすいませんでした」

「いい？　その心のＳＯＳを、まずアンタ自身が受け止めなきゃいけないの」

「見ず知らずの第三者に求めたって、絶対に無理だからね。寄り添うって、言葉でいうのは簡単だけど、生半可な覚悟じゃできないわけ。本来であれば、どんなアンタでも無条件に受け止めてくれる存在がいたはずなの。それがママよ。だけど、みんながみんな完璧な子育てができたわけじゃないわ。むしろ、長子の場合は手探りだし、ママとしても1年目だからね。そりゃあ、うまくできなかったこと、やってあげられなかったこと、色々とあるわよ。だから、誰の心にもさみしさや不安があるのは仕方がないことなのよ。でも、中にはアンタのようにそれがとても強い子もいるわけ」

「俺は付き合いたい女性に対して母親を投影していたってことですか……」

「白樺の森でアンタ、理想の彼女を列挙したわよね。どうやって理想の彼女の条件を見つけたんだっけ？　覚えているかしら？」

「えーっと、まずは、絶対に付き合いたくない彼女の条件を列挙してから、今度は、付き合いたい彼女の条件を挙げました」

「そうね！　まず『理想の彼女の条件を挙げる』という目標を掲げたことになるわよね。そして、逆に付き合えない彼女のリストをつくった。そして、最後に本当に付き合いたい彼女のリストをつくったわ」

「はい、そのあたりはちゃんとやったつもりです」

「でも、それってアンタの場合、全部が全部、母性を感じるような特徴が挙がっていたのよ。気づいてなかったでしょ」

「……な、な、なんだってー」

「ただね、別にそれが悪いってわけじゃないのよ。家庭的な女性を求める男性もまた、家庭的であろうとするだろうし、パートナーの条件としてはまんざらでもないの。でも、問題はそんな相手に対して、不安をぶちまけて、安心したくて、受け止めてもらおうとするところにあるの」

「自分自身も気づいてない心のSOSを相手に受け止めてもらおうと思っていたってことですね」

「そうね、それでアンタは心の底から安心したかったのよ。だから、相手に自分の価値観を押し付けようとしたり、値踏みするようなマネをしたり、不安をぶちまけて玉砕してきたってわけ。でも、それでもアンタが立ち直ってこられたのは、モテツボ、つまり、アタシのことをママと重ねていたからなのね。そんなアンタにとっては、モテツボはおしゃぶりみたいなもんになっていたのかもしれないわ。で、それを捨てることには納得できても、アタシがいなくなるって思ったとたんに、心のSOSが噴き出したってわけ」

「それは、わかりましたけど、じゃあ、俺にできることって何かあるんでしょうか」

「本当に付き合いたい彼女のリストをつくったときと同じことを、アンタ自身にやるのよ！」

「同じこと？」

タナトスリスト

「そう。前に、理想の彼女に相応しい男になれ！　みたいな話をしたでしょ？　あのときは、どんな自分になりたいかを書いたけど、今回はそこにダメ出しをするのよ。仮に『モテたい』にしましょうか」

「はい、じゃあ、それでお願いします」

「次に、その目標を打ち消し、否定する、思いつく限りのことを書いていくのよ。アタシがやってみるわ」

アマビエが、コピー用紙に目標を否定することを書き殴っていった。

・もう38歳だからムリ。
・今までモテたことがないからムリ。
・女子とうまくコミュニケーションが取れないからムリ。
・童貞だからムリ。
・無職で無収入だからムリ。
・お金を持ってないからムリ。
・背が高くないからムリ。

・コンプレックスが多いからムリ。
・殻にこもりがちだからムリ。
・劣等感があるからムリ。
・イケメンじゃないからムリ。
・女性の気持ちが理解できないからムリ。
・頭が悪いからムリ。
・奥手すぎるからムリ。
・自信がなさすぎるからムリ。
・おしゃれが苦手だからムリ。
・理想が高すぎるからムリ。
・駆け引きが苦手だからムリ。
・優しすぎるからムリ。
・ケチだからムリ。
・挙動不審だからムリ。
・考え方がネガティブだからムリ。
・偏った愛情表現をするからムリ。
・何を考えているのかわかりにくいからムリ。

・自分に酔っているからムリ。
・オタクだからムリ。
・自分が話すときはめちゃくちゃ早口だからムリ。
・女性の予定を何度も聞きまくるからムリ。
・ＬＩＮＥで用もないのに頻繁に連絡してしまうからムリ。
・悩みを聞けばいいと思っているからムリ。
・マニュアル通りで引かれるからムリ。
・自慢話が多いからムリ。
・しつこいからムリ。
・拗《こじ》らせているからムリ。
・視線が気持ち悪いからムリ。
・男らしくないからムリ。

「もう、それ位でいいんじゃないでしょうか……」

「あら、イヤだ！　無限に出てくるわね♡　でも、これでいいのよ！」

「……」

何がいいんだか、と二の句を告げないツヨシ。

「ずーっと、自分の目標を打ち消す文章は書いていくのよ。１つの目標に対して絶対にネガティブな文章が大量に出てくるわ。本当に叶えたい目標であればあるほどね」

「ネガティブなことを書き続けていると、なんだか心までネガティブになって落ち込んでしまいそうですが……」

自分の弱いところを受け止めろ

「逆よ！」

「逆？？？」

「アンタはまず自分の弱いところを受け止めなきゃいけないの。でも、これだけ書きだせば、さすがに、いやいやそんなにダメなところばっかりじゃないぞ！　と自信が沸いてくるのよ。これは自虐のためのリストじゃなくて、自分を受け止めて鼓舞するためのリストなの」

「にしても、これはあんまりじゃないですか？」

「いいこと！　アンタはいつも逆のことをやっているから、うまくいかないのよ！　そろそろ気づきなさいよ！　こういう弱い自分、イケてないと思っている自分を隠そうとすればするほど、見ないふりをすればするほど、自分の中での恐れや不安が大きくなっていくのよ。アンタのやることの逆にやれば成功法則になるくらい、逆のことをやっているわ！」

いや、さすがにそれは人生を否定されたみたいで凹むんですけれど。

目標を宣言せよ

「目標っていうのは、自分で温める段階がめちゃくちゃ重要ってどの人も言っているでしょ。でも、どこかのタイミングで外に自分の目標を宣言しないと広がらないじゃない？」

「でも、大谷翔平選手は『自分以外のことは、言うとかなわない』とも言っていますよ」

「あ、れ、は、世紀の規格外だから真に受けたらダメ。彼は自分で温める力が天才すぎて、1人で場外ホームランまで持っていけるのよ」

「……すいません、つい……、まあでも、自分で温める段階の重要さを物語っていますよね」

「そうね、で、話を戻すけど、例えば現状の恋愛でうまくいっていなかったら、友達とか知り合いとかに『出会いが欲しい』とか『紹介して欲しい』って言わないと新しい可能性って広がらないのよ」

「そうですね」

「ただ、周囲の人間に1つでも目標を宣言しようものなら、10倍くらいの勢いで潰されるもんなのよ」

「がっついているとか、必死だなとかって反射的に思われちゃいますよね」

「なんだかんだ、人は変化を嫌う生き物なの。自分のことも、周りのこともね。すると、自分でも気づかないうちに変化そのものをストレスに感じるようになるの。なので、アンタが勇気の一歩を踏みだそうもんなら、周りが全力でそれを止めてくるってわけ」

タナトスを超えていけ

「それで、さっきのタナトスリストが役立つってわけ」

「タナトスリスト？？？」

「そうよ！　自己破壊する衝動のリストって意味ね。誰の中にもあるのよ。自分で自分を壊したくなる衝動が！」

「自己破壊する衝動……そんな衝動があるんですか」

自分の達成したいことを自己破壊するなんて理解できないや。

「あるわよ！　人間って不思議なんだけれど。恋い焦がれていた目標があと少しで達成できそうになると、急につまらなくなったりするの。達成してしまったら、これまでの自分ではなくなるし、新しい目標ができてしまうからって自分にブレーキをかけちゃうのよ」

そうか、ちょうど今の自分はそうなのかもしれない。

アマビエは続ける。

「でもね、想定できるすべての不安を先回りして文章に書きだしておけば、多少なんやかんや言われたところで、既に一度は自分で受け止めているわけだから、たいしたことないのよ。心の受け身みたいなもんね。

逆に、タナトスリストをつくっておかないと、ネガティブなことを言われたときに、顔真っ赤にしてキレちゃうことになるわけ。そんなのを繰り返していたら、周りに誰もいなくなるわよ」

「ああ、やっと意味がわかりました」

たしかに、自分の目標を発表した途端に、ネガティブなことを言われたら、気分が最悪になるな。だけど、あらかじめそのQ&Aが想定できていれば、対処できるかも。

「実際のところ、どれだけ自分にダメ出ししたところで、それほどパターンがあるわけじゃないのよ。それに、どうせ人間のやること・考えることなんだから、改善の方法なんかいくらでもあるわけ。要は、なかなか改善の難しいことで詰まってないで、できそうなものからどんどんやっていけばいいのよ」

「なんか、1つ、2つのことを深刻に考えすぎていたんですかね」

「そうね、傍目八目っていうくらいだから、自分じゃ見えない欠点が十倍はあると思ってイイわよ！」

「なんか、それって結構イタいですね」

「アラ、そう？　でも、それだけ伸び代があるってことよ！　不平不満、愚痴、言い訳、ネガティブ感情、アンタの無意識から湧き上がってくるこれらの言葉の数々を他人になったつもりで、冷酷な知性でもって、1つの目標に対して百個は挙げてみなさい！　今度のテーマはそうね〝人生の目標〟にしましょっか」

「やってみます！」

サラリーマンを卒業する覚悟ができたからか、以前とは違うアイデアが続々と浮かんできた。

腹を括れ

「これでようやくアンタの陰と陽がそろったわね。人生の目標の〝陽〟とタナトスリストの〝陰〟よ！　ただ、これだとニュートラルポジションに戻ったに過ぎないわ！　ここからさらに〝モテる〟という方向にもう1回舵を切るのよ」

「そうか、仕事とかで何かを成し遂げることと、モテるってことはちょっと違いますもんね」

「人生の目標だけなら一人で追及することもできるけど、モテるって他人を巻き込むことだからね。そこには腹を括ることが求められるのよ。覚悟の儀式ってところかしら」

「覚悟……、覚悟ってなんですか？」

さっきから何故か頬に涙がはらはらと伝い落ちてきて止まらない。

「アンタ、めっちゃやヤワらかくなったじゃない！　アタシ今、ちょっと感動しているわ」

アマビエも涙目のまま鼻水をすすり上げていた。

「あのね、不安っていうのは、生きるために必要な感覚だからなくなったりはしないの。だけど、それを人様にぶちまけてばかりいたら、どんな親切な人でも離れていってしまうわ。不安をぶちまけるってことは〝他人任せ〟ってことだからね。そこで、タナトスリストを作成して、想定されるネガティブなことを自分の中で一旦受け止めて、整理していくのよ」

人生の目標
タナトスリスト

ツヨシの自立

何度も深呼吸を繰り返して、ツヨシは何とか気持ちを落ち着かせた。

ツヨシは時ここに至り、ようやくアマビエの気持ちに気づいた。アマビエは突き放しているんじゃなくて、他人任せな生き方からの卒業を促しているんだ。

もう自立しないといけない！

「不安で寂しくて、アマビエに無茶な我儘《わがまま》をぶつけてしまっていました。ごめんなさい」

「極論、覚悟っていうのはそういうことなのよ」

アマビエも声が涙交じりになっていた。ツヨシも自分の心が解放されて、素直になれている自分に気づいていた。

「不安をぶちまけているってことは、頼っているとかそういうことじゃなくてね、親切にしてくれた人に対して、めっちゃ失礼なことをしているってことなのよ。恩を仇で返しているようなもんね。それでも付き合ってくれているのだとしたら、よっぽどの聖人か女神様よ。でもね、そんな人が自分のことを対等なパートナーとしてみてくれると思う？　アンタはその人をどうやって幸せにするの？　まず、そのことに気づかないとね。そりゃ、自分が何もできない赤ちゃんだったら、ママが何でも受け止めてくれるでしょうけど、それを大人になってもやっていたらダメよね」

言葉だけを拾うときついことを言われているようだけど、本当に大切に思ってくれているからこそ、あえて厳しい物言いをしてくれているのが痛いほどわかる。わかっているからこそ、ツヨシは肩を震わせて泣きじゃくった。

「自分のためにも、周りのためにも、自立します」

まだ自信がなく、声が小さかったけど、涙ながらに胸に誓った。

「恩を仇で返し続ける人生は、遅かれ早かれ詰んでしまうものよ。でもね、ここまで成長したアンタなら自分自身を必ず変えていけるわ！」

無言でこくりとうなずいた。さぁ、厳しいことを言うのはこれで終わりねと言わんばかりにアマビエは無理矢理、声のトーンを明るくして言葉を続けた。

「ズルさ、弱さっていうのは誰にでもあるのよ。もちろんアタシの中にもね。でもね、受け止める責任っていうのが必要ってことを言いたかったの。その意味するところが腑に落ちれば、不安に振り回されることもなくなってくるわ」

タナトスリストから見えてきた自分の弱さ

タナトスリストを書き上げてから、１つひとつの項目に対し、本当にそれは自分の欠点といえるのかどうかを検証する日々がはじまった。

たとえば「背が低いから無理」という項目の場合、「背が高い方がモテる」という価値観から「モテないのは背が低いせいだ」と、ひがんでいただけだと気がついた。実際、街中の夫婦やカップルを観察すると、低身長の男性が高身長の女性をエスコートする姿を何度も見かけた。

他にも「イケメンじゃないから無理」というのも、学生時代に好きだった女の子がアイドルの追っかけをしていたことから、諦める言い訳に使っていただけだった。

つまり、背が高くなりたいと思っていたわけでもなければ、イケメンになりたいと思っていたわけでもなくて、過去の挫折や失敗の「言い訳」を自分にしていただけだった。

もちろん、すべてがそういうわけでもなくて、自分が欠点だと自覚できていたところもある。それは、過去の失敗から学んで改善していける部分だ。

こうしてみると、思っていた以上に、自分で自分に「モテない呪い」をかけていたような気がする。

ツヨシの急成長

「それにしてもアンタ、平井のアヤちゃんといつの間にあんな仲良くなったのよ？」

「えっ、ああ、この前、ジムの受付で平井さんが見るからに理不尽なクレーマーに絡まれていたんで、勇気を出して、クレーマーとの間に割って入ったんです」

「やるじゃない！　できそうでできないわよ、クレーマーに注意するのなんか。今の時代、何されるかわからないからね。普通、見て見ぬ振りをしてしまうわ。ものすごく立派ね、アンタ！」

「その後、たまたま平井さんの仕事終わりと僕のジム終わりが一緒になるときにありまして……」

「それで、それで？」

アマビエは話を促す。

「一緒に最寄り駅まで歩いて、この間のクレーマー対応のお礼にカフェでお茶をご馳走になったんです。その時に色々お話しして、ＬＩＮＥも交換しまして……本当はダメみたいなんですけどね、ジムの会員さんと連絡先を交換したりとか……」

「問題ないわよ！　アヤちゃんも仕事終わりなんだし、ジムの外でＬＩＮＥ交換したんでしょ？やましいことなんて１つもないわ！」

「はい。それで何回かご飯に行くようになりまして……」

ツヨシは照れた表情で言った。

「えぇぇぇ〜〜〜！　どんだけ〜〜〜！　モテツボってそんなに効くの?!　アタシもワンチャン狙いで押してみようかしらね……」

ツヨシの気持ち

「しっかし、アタシの知らないところで、よろしくやってくれちゃって、完全にロックオンしているじゃない」

「え、そ、そうなんですかね、自分としてはそんなつもりじゃないんですけど」

普通に仲良くしているだけだぞ。

「ちがうわよ！　アンタじゃないわ！　アヤちゃんよ！」

「え、どういうことですか？」

「アンタね、会員のルーティーンを知っている会社の人間が、たまたま帰りが一緒になったから一緒に帰りましょうなんてこと、あると思う？」

「もしかして、俺に気があるってことですか？」

まさかそんなことが!?　驚きを隠せないツヨシ。でも、そう言われてみればたしかにそうかも。

「で、アンタはどうなのよ。好きなの？　アヤちゃんのこと」

「えっ！　えっーーっと……、あんな子が彼女だったらいいなって思ってはいたんですけど、まだよくわからないです……」

「はい！　出ました！　タナトスリストに追加ね！　優柔不断で、女ったらしって」

「違います！　違います！　本当にわからないんです！」

「バカねー、やっぱりバカだわ！　なんなの！　わからないって！」

「……」

だって本当にわからないんですもん！

恋とは創造的破壊

「恋とはしようと思ってするものじゃないでしょ！　落ちるもんでしょ！」

「そうなんですか？」

にわかには信じがたい。結婚だって恋愛以外にもお見合いだってあるぞ。

「そうなんですか？　じゃないわよ！　アンタのセリフじゃない……」

アマビエには過去の心の声も聞こえていたらしい……。

「今更だけど、なんで人が恋するかわかっているの？　アンタ？」

「えっ？　１人が寂しいからですか？？？　現に独り身が嫌になってきたからなんですが」

「アホ！　本当にアホね、アンタって人は」

「じゃあ、なんで恋するんですか？」

恋人が欲しいからじゃないのか？　でも、それは卵が先か鶏が先かって話になるな。

「自分の成長を必要としているときに、恋が目の前に現れるんでしょうが！」

「自分の成長？」

恋に自己啓発的な要素があるのか？

「そうよ！　恋っていうのは自分が生まれ変わる最高のキッカケなの。あの人の気を引きたい。あの人に相応しい自分になりたいって願う気持ちは何よりも成長の原動力になるのよ。これまでの自分の世界を壊して、新しい世界に旅立つ勇気を与えてくれるの。そういう心の準備ができたときにはじめて、恋が目の前に現れるのよ」

水を得た魚のように熱弁を振るうアマビエ。

「自信満々で恋をする人はいないわ。そんなの全然ドキドキしないいし、恋なんかじゃないの。今の自分では背伸びかもしれない、上手くいくかわからない緊張感があるから、ドキドキするのよ。だから、恋するってことは、怖くて当たり前なのよ！」

たしかにそうだ。ドキドキしない恋愛なんて恋じゃない！　俺は本気の恋愛を望んでいるんだ。

「だけど、前のアンタみたく、自分の不安や恐怖を相手に受けとめてもらって、自分が安心したいみたいなのは、恋でもなんでもないのよ」

「たしかに、それって自分のために相手を利用しているだけですよね」

「そうよ、そんな相手に自分のことを好きになってもらおう、安心させてもらおうなんて根性が狂っているわ。そりゃあ振り向いてもらえなくて当然よ」

「過去の自分の行動を振り返ると、相手を通じて自分の満たされない承認欲求や自尊心を満たそうとしたり、寂しさを埋めるために相手に母親を投影したりと、我ながら酷かったですね」

恋愛対象ではないが、アマビエにも母親を投影していたんだっけ。

恋は傷つくことに意味がある

「でも、それに気づけたのも恋愛がうまくいかなかったからでしょ？　ちゃんと成長しているのよ。極論、恋は傷つくことに意味があるんだから！」

傷つくことに意味がある？　恋愛は相互に愛し合う関係になるためなんじゃないのか？

ツヨシには、恋して傷つくことに意味があるということが、理解できないでいた。

アマビエにはツヨシの疑問がお見通しで、質問を続けた。

「恋愛の達人ってどんな人だと思う？」

「恋愛経験が豊富の人……でしょうか」

「そうよ！　恋愛経験が豊富ってことは、失恋経験も豊富ってことにならないかしら！」

「あっ！　そうですね……」

たしかにそうだ！

「あっ！　じゃないわよ。恋愛だけちょっと他の分野とは違う性質を持っているのよ。失敗体験の分だけ確実に成長するっていうちょっと変わった性質があるの」

「たしかに」

「失恋をするために恋をしているといっても過言ではないわ」

名言を言ってしまったと自覚したアマビエ。なんだか、いつもの二回り以上のドヤ顔になっている。

「それって成長するために失恋があるみたいなことですか？」

「そうね！　失恋をすると、それまでの不甲斐ない自分をめちゃくちゃ反省するの。今度は同じ過ちを繰り返さないようにしようって。だから、魅力的な人っていうのは、それだけ失恋しているわけ」

「だから、男を磨きたかったら、勇気を持って行動して、当たって砕けてくるしかないわけよ」

「失敗を恐れずですね……」

平井さんに対する気持ちは、わからないのではなく、そのほうが自分を破壊しなくていいからだったんだ。でも……。

「頭ではわかってはいるんですが……。失敗するのはやっぱりイヤです」

「というか、アタックしないと遅かれ早かれ、フェードアウトすることになるわよ。女の子は男性のその覚悟を見ているんだから。女の子の〝待ち〟にはそういう意味があるのよ」

「そ、それもイヤです！」

「だったら、つべこべ言わずにさっさとアヤちゃんに告白しなさいよ！」

「こ、こ、告白ですか……想像しただけで緊張で手汗がひどいです……」

身をガチガチに固めるツヨシ。「カタいわよ！」って突っ込まれる前に自然と手がモテツボを押して、少し緊張がほぐれてきたのを感じた。

「華麗に文学的に散ってきなさい！」

「うぅうぅ」

シン・ツヨシ

今度のデートでアヤちゃんに告白することを決めたツヨシは、見違えるほどにどんどん変化していった。堀川の会社とは業務委託契約を結び、フリーランスのＷｅｂデザイナーとして独立を果たしていた。

小さなプロジェクトから始めた仕事だったが、持ち前の真面目さと忍耐強さ、素直さが評価されていき、大きいプロジェクトの参加も決まった。ツヨシが積んできた経験はノウハウやスキルとなって活かされ、堀川からもクライアントからも評価する声があがるほどだった。

ただ、サラリーマンのときとは違い、定期的な休みをとることもなくなり、夜遅くまで仕事をする日も増えた。そんな仕事に追われる日々であったが、モテツボの実践を続けているおかげか、大きく体調を崩すこともなく、やりがいのある毎日を過ごすことができていた。

そして、とうとうＸデーの日が訪れた。

「行ってきます」

今日はいつも以上に気合が入る。

「健闘を祈るわよ！」

アマビエはにっこり微笑んだ。

「結果は……実はどうでもいいって思っています。もちろん告白がうまくいけば嬉しいですけど……いや、めっちゃ嬉し過ぎますけど、もし失敗したとしても、納得の行く失敗にしたいです。単に気に入ってもらって、付き合えればいいっていうのは、ちょっと違う気がするので」

「ど、ど、どうしたのよ？　できすぎのコメントでこっちが調子狂ってしまうわ！」

アマビエの目が落っこちそうなくらいに飛び出た。

「ぎこちなくても、周りから見て格好悪くても、必死に想いを伝えてきます。それが一番自分的には納得がいく姿なので」

もう、アマビエが想定していた成長幅を越えたツヨシ。

ツヨシの大きくなった背中を細い目で見送るアマビエ。

「さっ！　これでミッション完了ね！　渋谷に戻りましょ！」

発車のベルが渋谷駅のホームから鳴り響く。西陽が当たって眩しそうにしているアマビエ。

今日もアマビエは、誰かの人生に寄り添っている。

キマイラのあとがき

物事の大切なところ、勘所をとらえることを「ツボを押さえる」といいます。「ツボ」というのは、東洋医学に由来する言葉で、専門用語で「経穴（けいけつ）」といいます。

この「経穴」は、具体的な神経や筋肉、臓器のことではなく、経験則に基づく「目に見えない」体系です。にもかかわらず「経穴」を押すと痛がったり、冷えを感じたり、お腹が動き出すなど、身体に何かしらの反応が表れます。

鍼灸師は「経穴」を用いて、身体の状態を推し量ったり、刺激を加えたりして、患者の「診断」と「治療」を行います。

患者さんの症状は様々ですが、多くの方が「精神的な悩み」を抱えています。

というのも、人間の心と身体はつながっていて、身体に何か不調がある場合、イライラや、焦り、悩み、不安、恐れなどの感情が言葉の端々に見て取れるのです。

「精神的な悩み」は「健康」「夢」「お金」「人間関係」の4種類に分類できると言われています。この4種類の中でもっとも厄介なのが「人間関係」です。人間関係は、自分以外の要素が多く、自分だけではコントロールできないからです。

私たちの経験からすると、このような「人間関係の悩み」を訴える人には、1つの大きな特徴があります。それは、先ほど述べた自分のイライラや、焦り、悩み、不安、恐れといった「負の感情」を無意識のうちに周りに撒き散らしていることです。

たとえば、鼻水をすすり、くしゃみをし、ゴホゴホと咳をしている人がいたら、距離を取りますし、近寄ってきたら、離れて、逃げます。慎み深い日本人の中で、わざわざ「あなた、迷惑ですよ」と注意をする人はまずいません。同じように、負の感情をまきちらす人は少しずつ避けられ、いつのまにか周りに誰もいなくなってしまうのです。ところが、本人からすれば「うまくいかない」という思いや孤独感が募るばかりで、なかなか自分には目が向きません。これが、すべての人間関係の悩みで起こっているのです。

このように人間関係をこじらせている人には、本書の「モテツボ」がよく効きます。

何かモヤモヤするものを感じたときに、本書を手に取っていただき、アマビエとツヨシのドタバタ劇を通じて、クスっと笑って、気持ちが軽くなり、心のリフレッシュや癒しの一助となれば幸いです。

キマイラ

３人のあとがき

令和6年（2024年）甲辰年丁卯月乙酉日　出口清明

阿佐ケ谷のバーで「占いナイト」というイベントを行っていた当時、恋愛のことで何度も相談に来ていた友人から、石井裕之さんの「沢雉会」という勉強会を紹介されました。その勉強会に申し込んだのが自己啓発と呼ばれるセミナーの最初の一歩でした。

占い師として様々な相談に乗っていく中で、自分の気質や運勢のリズムを読み解き、事の吉凶を指南していくだけではなく、自助努力による健康への取り組みや、過去の体験からくる考え方のクセ、感情の取り扱いなど、心身の領域まで視野を広げる必要性を痛感し、健康のことや、心の世界のことを積極的に学ぶようになりました。

そんな中、石井裕之さんの著書の編集者であった長倉顕太さんのセミナーで、お2人と出会います。同い年でありながら、治療家として神業のような施術を行い、サイキックとしての才能に溢れる藤巻先生、医師として活躍しつつも、古典占星術を習得されている福本先生とは、お互いの立ち位置が微妙に違うためか、お互いに無いものを、お互いが持っているというような、とても不可思議な関係性でした。

以来、「三馬鹿トリオ」よろしく、掛け値なしの親交をあたため十年以上が経ち、このような形で一冊の本を書きあげるまでになりました。

本書では、恋愛を題材に取り上げながら、人生を切り拓く上で、健康への取り組みや、人間的な成長が不可欠であることを紹介しています。

人との出会い・別れには様々な意味があり、そのどれもが人生を通じて魂を磨いていくための必然だと思っています。

もし、この本を手に取っているあなたが困難な状況に置かれていたり、夢や志をあきらめる言い訳に押しつぶされそうになっていたり、頑張って取り組んでいたことが実らずに心が折れそうになっていたりしたとしても、このモテツボの各章のエピソードを思い出していただければ、何かしらの突破口が見つかるはずです。

もちろん、そんなことが起きないのが一番いいのですが、人生というのは、何かしらの試練がつきものです。それらを乗り終えた先で出会う自分の姿を信じてください。

最後になりましたが、これまでに出会ったすべての方と本書を手に取ってくださったあなたに心より感謝申し上げます。

東の空に青龍が昇り、遠い雷鳴がきこえた２０２４年春分　藤巻治療所　藤巻由崇

出口先生、福本先生とのご縁は、10年前のある集まりで出会った瞬間から形になって顕れました。当時からお2人の才能は凄まじく、将来自分1人では気づくことのできない何かを一緒にいれば学べるのではないかと勝手に感じていました。

出会いから数年後、3人が東京で活動するようになり、久々に会ったらいきなり福本先生が「3人で本を出そう！」といきり立っていました。

えっ？　なんで？？？　と私は大いに戸惑いましたが、それは自分の小さな枠の中のことであり、お2人と話しているときの自分に訪れる多くの気づきが、他の誰かのお役に立てれば嬉しいことだと気を取り直して、素直に本を書くことに賛同いたしました。

その頃、密かに「モテツボ」の原稿を書いていて、そのことをお2人にお話したら「それ、めっちゃええやん！」ってことになり、「モテツボ」を3人の共同作品にすることにしました。

実はこの作品は、書き始めてから完成まで、当初の予想よりもはるかに長い時間がかかってしまいました。自分が伝えたいことをうまく伝えるにはどうしたらいいかを考えては書き直し、また考えては書き直すという作業を何度も繰り返しました。

お2人が一緒に書き進めてくれたおかげで、一度も途中で投げ出したいという気持ちにはなりませんでした。そうなってもおかしくない状況は何度も我々に訪れました。コロナ禍で、作業が中断になっ

たり、完成間近で主人公の変更を余儀なくされたりという緊急事態も発生しました。それでも、「絶対に、いい作品に仕上げたい！」という信念の元、書き続けることができました。コロナが収まった今このタイミングで3人の共同作品が出版されるのは非常に感慨深いものがあります。

はじめてのことはとても勇気がいることです。そして、当然ですが忍耐力をはじめとしたいろいろな意味での精神力が必要となります。

この作品でも紹介しましたが、何かにはじめてトライする時には、壁が目の前に立ちはだかります。でも勇気を持って行動して、なんとかその壁を乗り越えられた時、自分の世界がちょっとだけ広がっていつもの目の前の世界がちょっとだけ違って見えるのを実感します。

今度は、これを読んだあなたが、少しの勇気を振り絞って、壁を乗り越える番です。

私たちも声をからして応援させていただきます。

最後に、この本を読んでくれたあなたに。心から感謝します。

ありがとうございました。

2024年　70年ぶりのポン・ブルックス彗星が近づく季節に　福本　基

出口先生と藤巻先生とは、お互いの年齢が近いこともあり。飲みに行くのはもちろんのこと、3人で温泉に出かけたりする仲でした。それこそ裸の付き合いなのですが、べったりではなく、1年に数回連絡を取るけれども、どこかで常に通じ合っている。そんな不思議な関係です。たまに２人に会う機会では、常に刺激を受けていて、今でもいい意味でお尻を叩かれている感じがします。

モテツボを書くに至ったきっかけはコロナ禍の最中、皆川さんとの共著『はじめての恒星占い』が完成し、次は何をしようかと思案していたときに起こりました。ちょうど男三人、新宿でパフェを食べながら、新刊を手渡した時、この２人をもっと世の中に知ってもらいたい気持ちがフツフツと湧いてきました。そこで、半ば強引に２人に出版を持ちかけました。

その時点では、そもそも出版できるかどうかアテもなかったのですが、いい作品になれば必ず出せるだろう、くらいに楽観的に考えていました。今から思えば、かなり無責任な持ちかけだったと思います。

３人の人間が絡んでいるのですから、どうやって１冊にまとまるのか？　という疑問を持たれる方も多いかもしれません。皆川さんとの共著ではきちんと書き分けが決まっていましたので、折衝の必要はあまりなかったのですが、今回は正真正銘、３人の文章が混ざり合っています。３人でストーリを考え、エピソードを挿入し、小見出しも考え、お互いに添削しあいました。唯一変わらなかったのが、藤巻先生の考えた「モテツボ」というタイトルだけです。

船頭多くして船山に登ると言いますが、３人寄れば文殊の知恵とも言います。改めて読み直しても、文殊様のご加護があったのではないか？　と思えるくらいの出来栄えだと思います。何も知らずに読めば、「キマイラ」は１人の人間ではないかと思うはずです。

そんな3人のいいとこ取りを味わっていただき、読者の人生が好転されれば、これにまさる喜びはありません。

最後に、出版プロデューサーの岩谷洋介様、セルバ出版の森忠順社長には、このような機会をいただき感謝に耐えません。三人より篤く御礼申し上げます。

主要参考文献

『カラダ・ボンヴォヤージ　三軸修正法の原理』（柏樹社）池上六朗、一九九七年
『カラダ・ランドフォール　三軸修正法の基礎』（柏樹社）池上六朗、一九九九年
『身体の言い分』（毎日新聞社）内田樹・池上六朗、二〇〇五年
『寝ながら学べる構造主義』（文藝春秋）内田樹、二〇〇二年
『期間限定の思想』（晶文社）内田樹、二〇〇二年
『先生はえらい』（筑摩書房）内田樹、二〇〇五年
『整体入門』（ちくま文庫）野口晴哉、二〇〇二年
『ツボ単』（NTS）坂元大海・原島広至、二〇一一年
『経穴マップ』（医歯薬出版株式会社）王暁明、二〇〇四年
『図解　経絡と解剖学』（中外医学社）吉田啓、二〇一三年
『神法道術秘伝』（八幡書店）大宮司朗、一九九六年
『霊学講座』（八幡書店）松本道別、一九九〇年
『友清歓真選集　第一巻』（八幡書店）友清歓真、二〇〇四年
『現代語　古事記』（学研）竹田恒泰、二〇一一年
『密教を生きる』（春秋社）中村公隆、一九九七年
『天界と地獄』（宮帯出版社）E・スウェーデンボルグ、二〇一二年

『霊的治療の解明』（国書刊行会）ハリー・エドワーズ、一九八四年
『魔法修行』（平河出版社）W・E・バトラー、一九七九年
『モダンマジック』（国書刊行会）ドナルド・マイケル・クレイグ、二〇一三年
『光の輪』（太陽出版）ロザリン・L・ブリエール、一九九八年
『光の手』（河出書房新社）バーバラ・アン・ブレナン、一九九五年
『エドワード・バッチ　心を癒す花の療法』（中央アート出版社）ノラ・ウィークス、一九九四年
『いかにして超感覚的世界の認識を獲得するか』（ちくま学芸文庫）ルドルフ・シュタイナー、二〇〇一年
『フィールド　響き合う生命・意識・宇宙』（河出書房新社）リン・マクタガート、二〇〇四年
『霊波センサー』（たま出版）在藤泰秀、一九八六年
『高次元科学』（中央アート出版）関英男、一九九四年
『波動の法則』（ナチュラルスピリット）足立育朗、二〇〇七年
『チャクラの覚醒と解脱』（宗教心理出版）本山博、一九九〇年
『「密息」で身体が変わる』（新潮選書）中村明一、二〇〇六年
『宇宙のしくみ』（徳間書店）高橋呑舟、
『成功の実現』（日本経営合理化協会出版局）中村天風、一九八八年
『運命を拓く』（講談社）中村天風、一九九八年
『非常識な成功法則』（フォレスト出版）神田昌典、二〇〇二年

『「心のブレーキ」の外し方』（フォレス出版）石井裕之、二〇〇六年
『壁～カリスマ・セラピストが教える！どんな壁も乗り越えることができるセラピー～』（フォレスト出版）石井裕之、二〇〇八年
『モテる読書術』（すばる舎）長倉顕太、二〇一八年
『思考は現実化する』（きこ書房）ナポレオン・ヒル、一九九九年
『「原因」と「結果」の法則』（サンマーク出版）ジェームズ・アレン、二〇〇三年
『夢をかなえるゾウ1』（飛鳥新社）水野敬也、二〇〇七年
『LOVE 理論』（大和書房）水野敬也、二〇〇七年
『自分の中に毒を持て』（青春出版社）岡本太郎、二〇〇二年
『道を継ぐ』（アタシ社）佐藤友美、二〇一七年
『合気修得への道』（どう出版）木村達雄、二〇一八年
『あなたの運勢を開く用気術』（日本開運学会）横井伯典、一九七七年
『投影された宇宙―ホログラフィック・ユニバースへの招待』（春秋社）マイケル・タルボット、二〇〇五年
『欲望の見つけ方』（早川書房）ルーク・バージス、二〇二三年
『人は皆、誰かの欲望を模倣する。』（早川書房）ルーク・バージス、二〇二三年
『論語』（岩波書店）金谷治、一九九九年
『死に至る病　あなたを蝕む愛着障害の脅威』（光文社）岡田尊司、二〇一九年

『不安な心の癒やし方』（アスペクト）ロバート・L・リーヒ、二〇〇六年
『気の性格学』（宝島社）三枝誠、一九九一年

著者紹介

キマイラは出口清明、藤巻由崇、福本基の三人の治療家集団。

出口 清明

CRM/DX コンサルタント、五術家、公益社団法人日本易学連合会認定鑑定士、中医師、気功師

二十代からコンサルタントとして企業の支援を行う一方、運勢や運気、人の気質や相性に興味を持ち、東洋五術（命・ト・相・医・山）と西洋占術（ホロスコープ・タロット）を修める。鑑定活動の他に、オーダーメイドの「運勢カレンダー」を開発、提供している。また、過去に身体が歪んで寝たきりになった経験から、筋肉のねじれと身体のゆがみにアプローチする手技を開発。新宿御苑前のプライベートサロンにて姿勢改善のリラクゼーションを提供するほか、いわゆる六通の「身通」により遠隔での依頼にも対応している。

X：https://x.com/fiveartsasia

藤巻 由崇　L.Ac

鍼灸師

東京都練馬区の藤巻治療所にて毎日70名（治療所30名、遠隔治療40名）を施術する。

口コミのみで世界中から患者様が多く来院。気の治療、バランス修正、遠隔治療が最も得意。患者さんにいま一番必要な宇宙の叡智【エネルギー】を降ろす治療を行なっている。日本に留まらず世界でもワークショップを開催。

ホームページ：https://www.fujimakichiryoujyo.net

福本　基　MD, PhD

精神科医、医学博士、公認心理師、抗加齢医学会専門医、Medical Astrology Anima Astrologiae, Master Mason

信州大学医学部医学科卒（MD）、東北大学医学部博士課程修了（医学博士：PhD）

Oscar Hofman 氏の元で古典占星術による医療占星術を習得。現在、医療の傍ら後進の指導を行っている。

著書『基礎からわかる伝統的占星術』『はじめての恒星占い―57の恒星が明かす、隠されたあなた―』／太玄社

監修：『占星術 小さな手のひら事典』／グラフィック社

ホームページ：https://traditional-astrology.jp/

著者略歴

キマイラ（きまいら）

キマイラは「モテツボ」の執筆を機に福本基の呼びかけで2023年に結成した治療家ユニット。メンバーは藤巻由崇（獅子）、福本基（山羊）、出口清明（大蛇）の３人である。キマイラという名称は「ギリシア神話に登場する伝説の生物」から来ている。一説によると獅子は「恋愛における相手への強い衝動」、山羊は「速やかな恋の成就」、大蛇は「失望や悔恨」を表すとも言われる。
※３人の著者略歴は277頁～279頁にあります。

YouTube「モテツボちゃんねる」

チャンネル登録＆高評価をお願いします。

モテツボ～真面目系男子の恋愛解体新書

2024年５月29日　初版発行　　2024年６月26日　第２刷発行

著　者　キマイラ　© Chimaira

発行人　森　忠順

発行所　株式会社 セルバ出版
〒113-0034
東京都文京区湯島１丁目12番６号 高関ビル５B
☎03（5812）1178　FAX 03（5812）1188
http://www.seluba.co.jp/

発　売　株式会社 三省堂書店／創英社
〒101-0051
東京都千代田区神田神保町１丁目１番地
☎03（3291）2295　FAX 03（3292）7687

印刷・製本　株式会社丸井工文社

●本書の内容に関する質問はFAXでお願いします。

Printed in JAPAN
ISBN978-4-86367-890-3